選手の競技復帰に役立つ

昭和大学藤が丘病院整形外科 教授
神﨑浩二 監修

Introduction

はじめに

ケガの状況を把握して冷静に判断することが大切

　スポーツをしていれば、いつかはケガをすることがあることでしょう。ただでさえ、日常生活をおくっていてもケガをすることがあることを考えると、負荷の高い運動をしていれば、ケガを起こすリスクは日常の数倍高くなるのは当然です。

　どれだけ注意していてもケガは起こります。大切なのは、ケガをしたときにそのケガとどう向き合っていくかです。無理を押してプレーを続ければ、ケガは悪化します。健常のときと比べれば、パフォーマンスが低下することも否めません。また、そのケガが原因で、その後の競技生命を脅かすことがあるかも知れません。

　多くの場合、競技中は興奮状態にありがちですが、実際にケガが起きた場合は、まず目の前の現実と冷静に向き合うことが大切です。これは、自分にケガが起きたときだけでなく、チームメイトがケガをしたときも同じです。

　これが最後の大会だから、全国大会を目指しているから、といって無理をしたところで、ケガを悪化させてしまえば、その先はなくなってしまうのです。ましてや、練習中のケガであればなおさらです。無理をして練習を継続したところで、試合に出れなくなってしまっては本末転倒です。

早期に競技復帰したいなら治療中の焦りは禁物

　これは、治療中のケガに関しても同じです。ケガの完治を待たずに練習に復帰したところで、いいパフォーマンスはできないことでしょう。ケガが悪化したり、ケガをかばうことで、別の部位を傷めてしまう恐れもあります。

　治療期間が長引くと、誰もが焦りや不安を感じることでしょう。そこで大切なのが、今できることとできないことの判断です。我慢すればプレーができる状態でも、無理をせずに医師の判断のもとに、今やるべきことに専念することが早期の競技復帰への近道となります。

　そして、さらに大切なのが、ケガの原因をつきとめ、再発防止やケガをしないための取り組みをすることです。

　完全に回復したとしても、何もしなければまた同じケガをすることでしょう。焦らずに、前向きに目の前のケガに向き合っていきましょう。

さまざまなケガがあること を知っておくことが大切

スポーツ傷害と言っても、大きな外力がかかって起こるねん挫や打撲、体を使いすぎることで起こる関節痛や疲労骨折など、その症状はさまざまです。

傷害の起こった直接的な原因が明らかであれば、自分の体に何が起きているのかが何となくわかりますが、ちょっとした痛みや違和感だと、それがスポーツによる傷害であるのかさえもわからなくなってしまうことでしょう。

しかし、体に何もなければ、小さな痛みも違和感も生じません。とくに、体に過度の負担がくり返しかかることで慢性的な痛みを発生するような場合、放置することで重症化して、関節の変形や骨の分離が起こって、治らなくなってしまうこともあります。

出血、腫れ、皮膚の変色など、目で見てわからなくても、痛みや違和感を生じるということは、何らかの原因で神経が刺激されているということです。自分で心当たりがないのであれば、医師に相談するのが賢明です。

また、原因が明白な外傷であったとしても、体の中で何が起こっているのかは正確にはわかりません。軽いねん挫などと思っていても、実際は骨が欠けていたりすることもあります。自己判断にまかせずに、念のため、医療機関で検査をすることが大切です。

軽いケガでも油断せずに 医師の判断を仰ぐ

おそらく、周囲がすぐにストップをかけるほど大きなケガであれば、自分でも冷静に判断できることでしょう。しかし、それ以外の場合は、その痛みの程度は自分にしかわかりません。

本書を通じて、体の仕組みを知り、傷害の種類を見ておくことで、自分の体に何が起きている可能性があるかがわかるようになります。もちろん、医療機関で検査をしなければ正確な判断はできません。病院に行くきっかけとしてでもかまわないので、さまざまな傷害の可能性を知っておくことが大切です。

たとえ、検査の結果、深刻なケガに発展するリスクのない小さな傷害であったとしても、それはそれで安心して競技に集中できるようになるので決して無駄ではありません。体を使ってプレーするのであれば、体に関する知識も身につけておきましょう。

CONTENTS

はじめに ……………………………………… 2

PART 1
スポーツ傷害が起こる状況や原因を理解しよう ……………………………………… 11

競技中や練習中に起こるケガの4つの原因 ……………………………………… 12
競技別 **年代別** 起こりやすい傷害の傾向とその理由とは？ ……………… 14
スポーツの競技特性と起こりやすいケガの種類 ……………………………… 16
● 野球　● サッカー　● テニス　● バスケットボール　● バレーボール　● 陸上競技
● 柔道／レスリング　● ラグビー／アメフト
ケガが起きたときの基本「R.I.C.E.処置」とは？ ……………………………… 22
ねん挫・打撲以外のケガの処置 ❶
人命に関わるリスクも高い頭部や顔面のケガが起こったら ……………………… 25
ねん挫・打撲以外のケガの処置 ❷
熱中症・日射病の応急処置と予防 ……………………………………………… 26
ねん挫・打撲以外のケガの処置 ❸
胸部・腹部の打撲や首のケガ …………………………………………………… 27
ねん挫・打撲以外のケガの処置 ❹
ひどい出血の応急処置 …………………………………………………………… 27
ねん挫・打撲以外のケガの処置 ❺
骨折・脱臼が疑われる場合の処置 ……………………………………………… 27
受傷後のケガの経過と早期回復の注意点 ……………………………………… 28
回復後には再発防止のコンディショニングが大切 …………………………… 30

PART2
腕部や上肢に起こりやすいスポーツ傷害 ……… 33

腕部の傷害の多くは転倒とオーバーユースが原因で起こる ……… 34
- スポーツ別 起こりやすい傷害の種類と傾向 ……… 36
- 本章で扱う部位の解剖と名称 ……… 37
- 完治の目安となる関節の正常可動域 ……… 40

神経傷害を引き起こすひじの角度 ……… 43
手・手首・前腕部・ひじ・上腕部・肩に起こりやすいスポーツ傷害 ……… 44

突き指 ……… 44
- ●指節骨骨折 ／ ●近位指節間関節脱臼 ／ ●屈筋腱損傷（ジャージーフィンガー）……… 45
- ●関節側副靱帯損傷
- ●スキーヤーズ・サム ／ ●槌指（マレットフィンガー）／ ●ばね指（屈筋腱滑膜炎）……… 46

手の甲や手のひらの傷害 ……… 47
- ●中手骨骨折（ボクサー骨折）……… 47
- ●中手骨疲労骨折 ／ ●伸筋腱脱臼 ……… 48
- 上腕や前腕のケガが原因で起こる指や手のしびれ、脱力感 ……… 48

手首の骨折 ……… 49
- ●橈骨遠位端骨折　❶コーレス骨折
- ❷スミス骨折　① バートン骨折　② ショファー骨折　③ 粉砕型橈骨遠位端骨折 ……… 49
- ●舟状骨骨折 ／ ●有鉤骨鉤骨折・疲労骨折 ……… 50

手首のねん挫や手根不安定症 ……… 51
- ●手関節ねん挫（手根骨間靭帯損傷）……… 51
- ●TFCC損傷（三角線維軟骨複合体損傷）／ ●月状骨周囲脱臼・月状骨脱臼 ……… 52

腱鞘炎 ……… 53
- ●手根管症候群　●ドケルバン病（狭窄性腱鞘炎）……… 53

CONTENTS

前腕部の骨折とひじの脱臼 ···················· 54
- ●橈骨遠位端骨折（コーレス骨折・スミス骨折）／①前腕の骨幹部（橈・尺骨）骨折 ········· 54
- ②橈骨頭・頸部骨折　③尺骨肘頭骨折 ···················· 55
- ●肘関節脱臼／●モンテジア骨折／●ガレアッチ骨折／●尺骨疲労骨折 ···················· 56

野球ひじ ···················· 57

上腕部の骨折 ···················· 58
- ①上腕骨顆上骨折／内顆骨折／外顆骨折 ···················· 58
- ②上腕骨骨幹部骨折 ···················· 59

肘関節の靭帯損傷 ···················· 60
- ●肘関節尺側側副靭帯損傷（内側側副靭帯損傷）／●上腕骨内側上顆炎（ゴルフひじ） ········· 60
- ●肘関節尺側側副靭帯損傷（外側側副靭帯損傷）／●上腕骨外側上顆炎（テニスひじ） ········· 61

肘関節の離断性骨軟骨炎 ···················· 61
- ●肘関節遊離体（関節ネズミ） ···················· 61

子どもや成長期に起こるひじの傷害 ···················· 62
- ●肘頭骨端線離開 ···················· 62

上腕の筋肉に起こる傷害 ···················· 62
- ●上腕二頭筋腱断裂 ···················· 62
- ●上腕二頭筋長頭腱炎／●上腕三頭筋腱炎 ···················· 63

肘部管症候群などの神経の傷害 ···················· 64
- ●尺骨神経障害 ···················· 64
- ●橈骨管症候群（後骨間神経症候群） ···················· 65

手やひじの骨の変形・その他の傷害 ···················· 65
- ●尺骨突き上げ症候群 ···················· 65
- ●変形性肘関節症／●コンパートメント症候群（筋区画症候群）／●肘頭滑液包炎 ···················· 66

上腕骨近位端の骨折 ···················· 67
- ●上腕骨近位端骨折／●上腕骨近位若木骨折 ···················· 67
- ●上腕骨近位骨端線離開 ···················· 68

鎖骨と肩甲骨の骨折 ···················· 68
- ●鎖骨骨折 ···················· 68
- ●肩甲骨骨折 ···················· 69

肩まわりの関節の脱臼や脱臼に伴う傷害 ···················· 70
- ●肩関節ねん挫／亜脱臼／脱臼 ···················· 70
- ●肩鎖関節ねん挫／亜脱臼／脱臼 ···················· 71
- ●肩関節亜脱臼障害／●肩関節不安定症 ···················· 72

肩のインピンジメント症候群、腱、軟骨、靭帯、神経の傷害 ···················· 73
- ●腱板炎／腱板損傷 ···················· 73
- ●ベネット骨棘／●SLAP損傷（肩関節窩上関節唇複合損傷／二頭筋長頭腱障害）／
- ●肩甲上神経障害／●腕神経叢損傷 ···················· 75
- ●腋窩神経障害 ···················· 75

Column ❶ 万が一のケガに備えてメディカルバッグに入れておきたい応急処置グッズ ······ 76

PART3
下半身に起こりやすいスポーツ傷害 …… 77

- つねに自重を支える下半身は傷害が起こりやすく治りにくい ……… 78
  - スポーツ別 起こりやすい傷害の種類と傾向 ……… 80
  - 本章で扱う部位の解剖と名称 ……… 81
  - 完治の目安となる関節の正常可動域 ……… 82
- 下腿部は筋肉や靭帯付着部への過負荷で傷害を起こしやすい ……… 84
- 脚部の傷害に大きな影響を及ぼす足裏の3つのアーチ ……… 85
- 生活習慣チェックすることがケガ予防に役立つ ……… 86
- 下半身（足～股関節）に起こりやすいスポーツ傷害 ……… 88
  - ねん挫 ……… 88
    - ●足関節外側靭帯損傷 ／ ●前脛腓靭帯損傷 ……… 88
  - 「治りにくいねん挫」と判断されやすい足首まわりの骨折や傷害 ……… 89
    - ●距骨外側突起骨折 ／ ●距骨滑車骨軟骨障害
    - ●距骨後突起骨折（シェファード骨折）／ ●フットボーラーズ・アンクル(距骨嘴) ……… 89
    - ❶踵骨前方突起骨折 ／ ❷立方骨剥離骨折 ／ ❸陳旧性外踝下端・踵骨剥離骨折 ／
    - ●足関節滑膜インピンジメント症候群 ／ ●変形性足関節症 ……… 90
    - ●立方骨圧迫骨折 ／ ●腓骨筋腱脱臼 ／ ●メゾヌーブ骨折 ……… 91
  - 足の甲や指のつけ根に痛みを生じる骨折や腱の傷害 ……… 92
    - ●第5中足骨基部骨折 ／ ❶中足骨疲労骨折 ／ ❷中足骨痛症 ……… 92
    - ●足指伸筋腱損傷 ／ ●長母指屈筋腱腱鞘炎（母指バネ指） ……… 93
  - 靴や運動が原因で神経が圧迫されて起こる傷害 ……… 93
    - ●外反母趾 ／ ●腱膜瘤（バニン） ……… 93
    - ❶モートン神経腫 ／ ❷ハンマー足趾 ／ ❸強直母趾 ……… 94
  - 足部の痛みを発症する神経傷害 ……… 94
    - ●総腓骨神経絞扼障害・圧迫障害 ……… 94
    - ❶前足根管症候群 ／ ❷後足根管症候群 ／ ❸浅腓骨神経絞扼性障害 ……… 95
  - アキレス腱とその周囲の傷害 ……… 96
    - ●アキレス腱断裂 ／ ●アキレス腱周囲炎 ／ ●アキレス腱後滑液包炎 ……… 96
    - ●アキレス腱炎 ／ ●踵骨骨端症 ……… 97
  - その他、かかと周辺に痛みを感じる傷害 ……… 97
    - ●腓骨筋腱腱鞘炎 ／ ●踵骨棘 ……… 97
    - ●後脛骨筋腱機能不全症（PTTD） ……… 98

CONTENTS

土踏まずや足の裏に痛みを感じる傷害 ・・・・・・・・・・・・・ 98
●内側足底神経絞扼性障害 ／ ●足底腱膜炎 ／ ●有痛性筋痙攣（こむらがえり） ・・・・・・・・・・ 98

すねやふくらはぎに痛みを感じる傷害 ・・・・・・・・・・・・・ 99
●下腿骨疲労骨折 ／ ●シンスプリント（脛骨過労性骨膜炎） ・・・・・・・・・・ 99
●コンパートメント症候群（筋区画症候群） ／ ●下腿筋膜裂傷（肉ばなれ）
●有痛性筋痙攣（こむらがえり） ・・・・・・・・・・・・・・・・・・・ 100

ひざの靭帯損傷 ・・・・・・・・・・・・・ 101
●膝内側側副靭帯損傷 ／ ●膝外側側副靭帯損傷 ／ ●前十字靭帯損傷 ／ ●後十字靭帯損傷 101
靭帯損傷時のストレステスト ・・・・・・・・・・・・・・・・・・ 101

ひざの靭帯損傷が起因となって起こりやすい傷害 ・・・・・・・・・・・・・ 102
●半月板損傷 ・・・・・・・・・・・・・・・・・・・・・・・・・ 102

ひざに過度の負荷がかかって起こる傷害 ・・・・・・・・・・・・・ 102
●鵞足炎 ／ ●膝前部痛症候群 ・・・・・・・・・・ 102
●滑膜ひだ（タナ）障害 ／ ●膝蓋骨不安定症（膝蓋骨亜脱臼症候群） ／
●ランナー膝（ランナーズ・ニー） ・・・・・・・・・・・・・ 103
●オスグット・シュラッター病 ／ ●膝蓋靭帯炎（ジャンパーズ・ニー） ／ ●腸脛靭帯炎・・・ 104

水がたまる ・・・・・・・・・・・・・ 105
●膝蓋前滑液包炎（膝蓋粘液腫） ／ ●膝関節水腫 ／ ●膝窩嚢腫（ベーカー嚢腫）
●膝蓋軟骨軟化症 ・・・・・・・・・・・・・・・・・・ 105

大腿骨の骨折 ・・・・・・・・・・・・・ 106
●大腿骨頚部（近位部）骨折 ／ ●大腿骨遠位部骨折 ・・・・・・・・・・ 106

大腿部や股関節の打撲・脱臼・ねん挫など ・・・・・・・・・・・・・ 107
●チャーリーホース ／ ●筋断裂（肉ばなれ） ・・・・・・・・・・ 107
●外傷性股関節脱臼 ／ ●股関節ねん挫 ／ ●弾発股（バネ股） ・・・・・・・・・・ 108
●大腿骨大転子部滑液包炎 ／ ●股関節唇損傷 ・・・・・・・・・・ 109

Column ❷　正しい知識を身につけ熱中症の予防と準備をしておこう・・・・・・・・・・・・・・・・・・ 110

PART4
体幹部に起こりやすい
スポーツ傷害 ・・・・・・・・・・・・・・・・・・・・・・・・・ 111

「姿勢維持」と「四肢の動きの軸」だけに大きな負荷がかかりやすい ・・・・・・ 112
スポーツ別 起こりやすい傷害の種類と傾向 ・・・・・・・・・・・・・ 114
本章で扱う部位の解剖と名称 ・・・・・・・・・・・・・・・・・・ 115
完治の目安となる体幹の正常可動域 ・・・・・・・・・・・・・・・ 118

重力に逆らって体を支え続ける腰椎・胸椎の骨格と構造 …………………… 119
姿勢を保つために重要な役割を果たす4つのインナーマッスル …………… 120
腰痛の8割以上は病態不明の「非特異的腰痛」と診断される ……………… 121
臀部・鼠径部・腰部・背部・腹部・胸部に起こりやすい傷害 …………… 122
　負荷がかかって起こる股関節まわりの骨の傷害 ………………………… 122
　●上・下前腸骨棘剥離骨折 ……………………………………………………… 122
　●坐骨結節剥離骨折 ／ ●恥骨下枝疲労骨折 ／ ●大腿骨頚部疲労骨折 … 123
　●鼠径周辺部痛症候群（グロインペイン症候群） …………………………… 124
　臀部や仙骨まわりに起こる骨折やねん挫などの傷害 …………………… 124
　●尾骨骨折 ………………………………………………………………………… 124
　●仙骨疲労骨折 ／ ●仙腸関節ねん挫 ／ ●仙腸関節炎 …………………… 125
　坐骨神経痛およびその原因となることの多い傷害 ……………………… 126
　● 腰椎椎間板ヘルニア ／ ●腰椎椎間板症 ／ ●梨状筋症候群 …………… 127
　スポーツなどで負荷がかかって起こる腰痛 ……………………………… 128
　●急性腰痛症（ぎっくり腰） …………………………………………………… 128
　●筋・筋膜性腰痛症 ……………………………………………………………… 129
　腰椎や胸椎の骨折や骨の変形 ……………………………………………… 129
　●脊椎分離症・脊椎分離すべり症 ……………………………………………… 129
　●脊椎（腰椎）破裂骨折 ………………………………………………………… 130
　体幹部の筋断裂（肉ばなれ） ……………………………………………… 130
　胸部に起こりやすい傷害 …………………………………………………… 131
　●肋骨骨折・肋軟骨骨折 ／ ●肋骨疲労骨折 ／ ●胸骨骨折 ……………… 131
　●肋間筋痛（肋間筋剥離） ／ ●大胸筋痛 ／ ●胸郭出口症候群 ………… 132

PART5
頚部・頭部に起こりやすい
スポーツ傷害 ……………………… 133

選手生命にかかわる大ケガにつながりやすい頚部・頭部の傷害 ………… 134
　スポーツ別 起こりやすい傷害の種類と傾向 ……………………… 136
　本章で扱う部位の解剖と名称 ………………………………………………… 137
　完治の目安となる頚部の正常可動域 ………………………………………… 139
首には頚髄から分岐する多くの神経が通り、末梢神経へと伸びている … 140
頚部・頭部に起こりやすい傷害 ………………………………………………… 142
　頚椎の骨折や脱臼 …………………………………………………………… 142
　●頚椎・頚髄損傷 ………………………………………………………………… 142

CONTENTS

◆頸椎の神経に影響を及ぼす傷害	144
●頸椎椎間板ヘルニア	144
●頸椎症（頚部脊椎症）	145
バーナーペイン	145
◆頭部や顔面の骨折	146
●頭蓋円蓋部線状骨折／●頭蓋円蓋部陥没骨折／①前頭骨骨折	146
②頬骨骨折／③眼窩床骨折（ブローアウト骨折）	147
●鼻骨骨折／●鼻篩骨骨折／●下顎骨骨折	148
●上顎骨骨折	149
◆頭部や顔面に起こるその他の傷害	149
●涙道損傷	149
●顔面神経損傷／●唾液腺損傷	150
顎関節症	151
「脳しんとう」が疑われるなら速やかに競技を中止し、安静にする	152

Index 154

本書の見方

本書では、腕部や上肢（手〜肩）、下半身（足〜股関節）、体幹部、頭部・頚部の5つの部位で章に分け、まずその部位の構造を理解し、その部位に起こりやすい傷害を紹介しています。

①各章の導入ページ

各章で取り扱う部位の概要や起こりやすい傷害の傾向などを紹介

②部位の解剖ページ

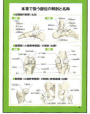

各章で取り扱う部位の骨、関節、靭帯、筋肉などの構造や名称を紹介

③正常可動域紹介ページ

ケガから回復後に望まれる各部位の正常な可動域を紹介

④部位の特性紹介ページ

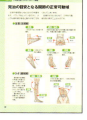

各章で取り扱う部位で知っておきたい特徴や注意点を紹介

⑤スポーツ傷害の紹介ページ

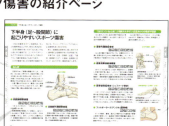

傷害の種類、特性、発症部位などの大きな区分での解説

傷害名

この傷害が起こりやすい競技をアイコンで紹介

傷害の発症部位

イラストで障害の起こる部位や症状などを紹介

Part 1

スポーツ傷害が起こる状況や原因を理解しよう

PART1　スポーツ傷害が起こる状況や原因を理解しよう

競技中や練習中に起こるケガの4つの原因

　スポーツ傷害の起こる原因は、大まかに4つに分けることができます。
　1つ目としては、自分の体力や能力を超えたプレーをすることで起こる傷害。2つ目は、疲労による集中力や判断力の低下から起こる傷害。3つ目は、練習や試合に向けての当日の準備不足や体調の不良から起こる傷害。そして、4つ目は不慮のアクシデントによるものです。
　逆に言えば、これらの状況でケガが起こる理由を理解することで、ケガの予防につながるということになります。

高負荷トレーニングやスキルのプレーから起こる傷害

　運動の強度が自分の筋力を超えていたり、自分の能力より高いスキルのプレーをしようとすると、体がその負荷に耐え切れずにケガをしたり、姿勢やバランスを崩しやすくなり、ケガをするリスクが高まります。
　高いスキルのプレーを修得するためには、それに必要な筋力や体力をつけておくことが大切です。
　もし、ケガが起こらなかったとしても、高い負荷をかけ続けることで、疲労が蓄積したり、オーバーユースなどが原因でケガをする可能性もあるので注意しましょう。

肉体的な疲労の蓄積や集中力の低下で起こる傷害

　体力がなく、疲労がたまってくると、集中力が低下します。普段なら避けられるような危険であっても、判断力や動作が遅くなることで回避できなくなってしまいます。
　とはいえ、練習内容は指導者が決めることが多いため、現場の指導者は選手の体力や能力を考慮した練習を提供することが大切です。

準備不足から起こる傷害

　試合や練習に向けて、体調の管理を怠ることで傷害が起こりやすくなります。睡眠不足であったり、練習前のウォーミングアップ不足、クーリングダウンを怠ることで前日の疲労が残っているなど、体調管理や生活習慣による準備不足が原因で起こるケガも少なくありません。

　それ以外にも、過去のケガを再発する場合も、一種の準備不足に入るケースがあります。ケガが完治していないにもかかわらずプレーをする、ケガの原因がわかっていても放置したままでは、ケガのリスクはなくなりません。
　スポーツをする以上、日ごろから自分の体のケアをしておくことが大切です。

不慮のアクシデント

　どれだけ準備をしていても、避けられない不慮のアクシデントによるケガがあるのも事実です。とくに、コンタクトスポーツでは、何が起こるかわかりません。そのためにも、日ごろのトレーニングや日常生活を通じて、高いパフォーマンスを発揮できるように準備しておくことが大切です。

PART1 スポーツ傷害が起こる状況や原因を理解しよう

競技別　年代別

起こりやすい傷害の傾向とその理由とは？

発生件数から見たケガの ピークは部活世代の高校生

スポーツ中に起こる傷害の種類は、競技種目や選手の年代によっても特徴があります。

ケガの発生件数は競技人口に比例する部分が大きく、野球やサッカーなどによるケガが多く見られます。しかし、競技人口に対するケガの発生率となると、コンタクトスポーツであるアメリカンフットボール、柔道、ラグビーなどが上位に入ってきます。

年代別のケガの発生件数は、10代がもっとも多く、ピークは17歳前後の高校生、続いて中学生、小学校高学年、大学生の順になります。

発生件数は競技人口に、 頻度は競技特性に比例する

傷害の傾向を競技別に見てみると、野球では小学校高学年から中学生が多く、

ケガの部位としては、手や指の骨折など、上肢に起こるケガが多い傾向があります。小学校高学年以上では肩関節やひじ、中学生からは腰、高校生以上では下肢の外傷の割合が高くなります。

サッカーでは、小学校高学年、小学校低学年、中学生の順となります。ケガの部位としては、足首のねん挫、骨折、靭帯損傷がもっとも多く、ついで手や指の骨折など、上肢の骨折が多いようです。

バスケットボールもサッカーと同様に、小学校高学年、小学校低学年の順となります。ケガの発生頻度は他競技と比べて高く、手や指の骨折やつき指などの外傷がもっとも多く、ついで足首のねん挫や

靭帯損傷の割合が高くなっています。

　柔道やラグビーは、発生件数はそれほど多くないものの、競技人口から見た発生頻度は他のスポーツの2倍以上となります。柔道に関しては年代や発生部位に目立った傾向は見られないようです。

　しかし、ラグビーでは大学生のケガがもっとも多く、ついで高校生となり、他の競技とは違う傾向が見られます。年代別の発生部位としては、未就学児～中学生では上肢の外傷が多く、高校生以上になると下肢のケガが多く、ひざの靭帯靭帯損傷や足首のねん挫、上肢は肩関節や上腕の脱臼やねん挫が多くなるようです。また、他の競技に比べて、頭や首、肩関節や上腕のケガの発生頻度が高いのも特徴です。

競技特性を知って練習や試合に臨むことが大切

　これらの傾向を見ると、小学校低学年に上肢のケガが多く見られるのは、転倒時に受け身をとれずに手をつくことが多いのが原因と考えられます。

　また、小学校高学年から中学生にかけての成長期は、骨の成長をつかさどる成長軟骨と呼ばれる軟骨層に起こる傷害や、体重の増加や運動強度が高まることで起こる下肢のケガが多く見られるようになります。

　高校生以上になると競技レベルも高くなるが、体力や技術レベルも高まり、一般的にはケガの頻度は少なくなるようです。しかし、ラグビーやアメリカンフットボールなどでは、タックルに伴うケガが増加する傾向にあるようです。

　このように、年代や競技によって、ケガの傾向はさまざまですが、自分のやっている競技特性を理解し、どのようなケガの危険があるかを知ることで、トレーニングや練習の必要性を理解しておくことが大切です。

PART1　スポーツ傷害が起こる状況や原因を理解しよう

スポーツの競技特性と起こりやすいケガの種類

スポーツでは競技によって起こりやすいケガの種類は異なる。ここでは、おもな競技ごとに傷害が起こりやすい状況とケガの種類を簡単に解説していこう。

● 野球　　　　　　　　　　　　*Baseball*

　野球で起こりやすい傷害と言えば、「野球ひじ」に代表されるピッチング動作のくり返しによるものです。日ごろから、ひじや肩を酷使することが原因で起こります。

　また、重いバットでフルスイングをする際など、瞬間的に大きな力を発揮するときに体幹部の筋肉を傷めるケースも多く見られます。フォームが悪く、腕の力を使ったスイングになっていると、インパクトのときに手首を傷めることもあります。

　それ以外に多いのがボールによる打

撲です。デッドボールや跳ね上がったボールが当たることで起こります。とくに硬式ボールは堅いため、顔に当たって顔面の骨折が起こることもあります。

　守備の際には、捕球時に手首や指を傷めることもあります。ダイビングキャッチでグローブが地面に引っかかったり、体を支えるために地面に手をつくことで手首の傷害が起こります。また、グローブを装着していても、捕球位置が悪いと指のねん挫や骨折を生じます。

　その他、ランニング時に起こるねん挫や肉ばなれ（筋断裂）、選手同士の交錯やフェンスなどとの衝突などアクシデントによる傷害も少なくありません。

● サッカー

Soccer

サッカーは足でボールを扱う競技のため、脚部の傷害が多くなります。

両チームの選手が足もとのボールにプレーするので、必然的に足首まわりのねん挫や打撲が多くなります。足が絡んで転倒したり、バランスを崩すことで、ひざを傷めたり、地面と接触した部分に傷害が起こります。

ボールを蹴る動作では、脚をつけ根から大きくスイングするため、継続的に股関節部分に負担がかかり続けることで傷害が起こります。また、足首を伸ばしたまま（底屈）、強い力でボールにインパクトするため、足首の靭帯などの軟部組織が摩耗したり、傷めるケースも多く見られます。

競技特性としてストップ＆ダッシュが多くなるため、足の着地が悪いとひざや足首の靭帯を傷めることがあります。また、疲労時やウォーミングアップ不足などがあると、ふくらはぎ、太ももの裏側（ハムストリング）、お尻などの肉ばなれ（筋断裂）が起こります。

コンタクトスポーツであるため、選手同士の接触や転倒でも傷害が起こります。選手同士の接触で生じる直接的な打撲による傷害や、転倒時に地面と接触することで起こる傷害など、ケースによってさまざまな傷害が起こります。

とくに、前者で特筆しなければならないのが、ヘディングの競り合いで生じる頭部の傷害です。頭部や顔面の骨折や脳しんとうなどが起こることもあるので、とくに注意が必要です。

PART1　スポーツ傷害が起こる状況や原因を理解しよう

● テニス　　　　　　　　　　　　　　　*Tennis*

　ラケット競技は他にも多くありますが、なかでも傷害が起こりやすいのがテニスです。その原因は、テニスは、バドミントンや卓球などに比べて、ボールが重いためインパクトのときに腕にかかる衝撃が大きくなるからです。

　テニスでは、前後左右に大きく移動したところからボールを打つシーンが多くなります。基本のフォームをマスターしていても、移動してバランスが崩れてしまうと、どうしても腕の力に頼ったスイングになってしまいがちです。手打ちになってしまうと、手首やひじにかかる負荷が大きくなり、ケガが起こります。

　競技特性上、ストップ＆ダッシュのシーンが多くなるため、足首、ひざ、股関節などの傷害も多くなります。また、試合時間が長いため、こむら返り（筋けいれん）や肉ばなれ（筋断裂）を起こすことも多くなります。

　テニスでは、コートの種類によって足腰にかかる負担も変わります。ハードコートの場合は大きな負荷がかかりやすく、クレーコートでは負担は軽減されますが、そのぶん足が滑るため、別の傷害が起こりやすくなります。

　これは、バドミントンなどでも同じ事が言えます。コートの大きさは小さくても、床が止まりやすいため、足腰にかかる負荷が大きくなります。また、コートが小さいため素早く激しい動きが要求される分、ケガのリスクも高まります。

　また、サーブやスマッシュでは、体を後方に反らせる動作が多くなるため、腰や背中、肩の傷害が起こりやすくなります。とくにサーブの練習については、長い時間を費やすことが多いため、腰に疲労がたまりやすくなります。これはバドミントンも同じです。バドミントンの場合は、上方のシャトルを打つ機会が多いため、テニスより腰、背中、肩、首などに疲労がたまりやすいと言えるでしょう。

● バスケットボール　　　*Basketball*

　バスケットボールやハンドボールは、サッカーなどと比べて狭いコートの中でゴールを狙うコンタクトスポーツです。とくに、バスケットボールは攻撃の時間が制限されているため、展開がめまぐるしく、ゴールが上方に設置されているので選手がゴール下まで近づけるため、空中での接触シーンが多くなるのが特徴です。

　空中で相手とぶつかってバランスを崩すことで、さまざまな部位にさまざまな傷害が起こる可能性があります。

　バスケットボールでは、ジャンプと着地をくり返す動作が多いため、ひざにかかる負荷も大きくなります。とくに、成長期の子どもはひざを傷めやすくなります。

　コート上では素早い動きが要求されるため、床に足をとられることで、足首のねん挫、ひざの靭帯損傷、股関節まわりの傷害などを生じやすくなります。

　また、相手選手がいる中でパスを素早く展開するため、パスを受けるときに突き指を起こしやすいのも特徴の一つです。とくに、バスケットボールの場合はボールが重いため、骨折に至るケースも多く見られます。

　バスケットボールやハンドボールでは、練習においてフットワークやディフェンスの姿勢に長い時間を費やすことが多いのも特徴と言えます。日ごろから足腰に疲労がたまりやすく、放置することで腰痛を起こしやすくなります。また、シュート動作をくり返すことで、腕、肩、首にも疲労がたまりやすくなります。

　その他、相手のひじが当たったり、転倒時にコート外のものに衝突することで起こるケガも少なくありません。

PART1　スポーツ傷害が起こる状況や原因を理解しよう

● バレーボール　*Volleyball*

　バレーボールは空中のボールをプレーする競技のため、必然的にジャンプと着地をくり返す機会が多くなります。とくに、ひざに大きな負荷がかかるため、傷害が起こりやすくなります。

　バレーボールは、コンタクトスポーツではありませんが、ネット際などの密集地域では、誰かの足の上に着地して足首を傷めるケースも見られます。

　また、スパイク動作では、腰を反らせたところから大きく腕を振り抜くため、腕や肩、腰に負荷がかかります。首などに疲労がたまっているとケガのリスクが高くなるので、疲労をなくしておくことも大切です。

　レシーブでは、床に飛び込むため、バランスを崩して受け身をとれずにさまざまなケガが起こる可能性があります。

● 陸上競技　*Track & Field*

　陸上競技は、トラック競技、跳躍競技、投てき競技で、それぞれケガの起こる傾向が異なります。トラック競技は、さらに短距離走と中長距離走で特徴が異なります。

　短距離走などの瞬発競技では脚やお尻など下半身の大きな筋肉の肉ばなれ（筋断裂）、長距離走などでは日ごろから負荷がかかり続けることで起こる脚部のケガが多くなります。

　ハードル走などでは、着地が乱れるとひざや股関節を傷めるケースも多く見られます。

　跳躍競技の場合、ジャンプ動作のくり返しによる傷害、着地時にバランスを崩すことで起こる傷害などが挙げられます。ジャンプ時には、腰を反らすことが多く、腰痛を起こしやすいのが特徴です。

　投てき競技の場合は、爆発的なパワーを発揮するため、体幹部を傷めるケースが多く見られます。フォームが乱れると腕や肩などの傷害も起こります。

● 柔道／レスリング　*Judo / Wrestling*

柔道やレスリングは相手に技をかけるため、バランスを崩して受け身がとれないと大きなケガにつながります。とくに、頭部から落下した場合は、脳しんとうや首に大きな傷害をもたらす危険があります。

また、技をかける側にも注意が必要です。柔道の道着が指にかかったまま大きなひねる力が加わると、指、手首、ひじなどの傷害が起こります。

ボクシングや空手のように、相手からの直接的な打撃はありませんが、組み合う中で頭部の接触によるケガも多く見られます。

関節技などが決まってしまうと関節の傷害が起こるのは誰もが想像できることでしょう。

● ラグビー／アメフト　*Rugby / American Football*

ラグビーやアメリカンフットボールはフィールドの格闘技としても有名です。それだけにさまざまなケガが起こります。

接触プレーによる打撲や骨折はもちろん、フィールドを走り回るため、足首のねん挫、ひざの靭帯損傷、こむら返り（筋けいれん）、肉ばなれ（筋断裂）なども頻繁に起こります。

アメリカンフットボールで気をつけたいのが防具です。ひざなどの防具をつけていない部分にプラスチックの防具で大きな衝撃が加わることで、ケガの程度もより大きなものとなります。

これらの競技は走りながらのタックルがあるため、頭と首のケガには要注意

です。タックルやスクラムの姿勢が悪いと首を傷めて、深刻な事態を引き起こす可能性もあるので正しいスキルを身につけておくことが大切です。

また、脳しんとうを起こしやすいので、正しい知識（P.152）を身につけて、起こってしまったら決して無理をしないことが大切です。

PART1　スポーツ傷害が起こる状況や原因を理解しよう

ケガが起きたときの基本「R.I.C.E.処置」とは？

四肢のねん挫や打撲などの外傷が起きたときに大切なのが現場での応急処置。
正しい処置をすることで、症状の悪化を防ぎ、競技復帰も早まる。

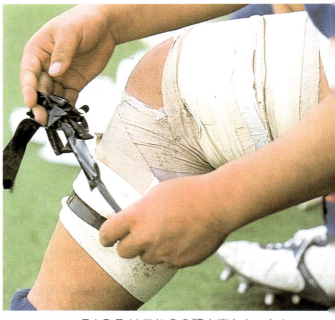

スポーツの現場で「ケガ」人が出たとき、病院や診療所にかかるまでの間、損傷部位の傷害を最小限にとどめるために行なう処置が応急処置です。この応急処置は、競技復帰を早めるために欠かせないものです。

しかし、応急処置を行なうにも正しい知識が必要です。応急処置をしなかったり、不適切な処置を行なうと症状の悪化につながり、復帰までに時間がかかります。

応急処置の基本となるのが、ここで紹介する「R.I.C.E.処置」です。

ねん挫や肉離れなどの四肢の外傷を受けたときなどの緊急処置は、患部の出血腫れ、激しい痛みを防ぐために患肢や患部の安静(Rest)、氷での冷却(Icing)、包帯やテーピングなどを使った圧迫(Compress)、患肢を挙上する(Elevate)のが基本です。

R.I.C.E.はこれらの頭文字をとったもので、スポーツを始め、外傷の緊急処置の基本です。

しかし、意識消失、ショック、頭・首・背部の外傷や大量出血、脱臼・骨折が疑われる著明な変形など、重症なときは、すぐに救急車やドクターを呼び、むやみに動かさないことが大切です。

22

① 安静

　必要に応じて副子やテーピングで損傷部位を固定して、患部の安静を保ちましょう。
　損傷部位の腫れや出血による血管や神経の損傷を防ぐことが目的です。

② 冷却

　ビニール袋やアイスバッグ（氷嚢）に氷を入れて、患部を冷却します。
　冷却しすぎて凍傷にならないように気をつけながら、15～20分冷却して患部の感覚が無くなったらはずし、また痛みが出てきたら冷やすことをくり返します。
　二次性の低酸素障害による細胞壊死と腫脹を抑えることが目的です。
　数日経って痛みが引いてくれば逆に温めていきます。

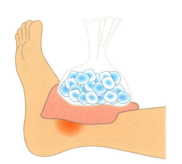

PART1 スポーツ傷害が起こる状況や原因を理解しよう

③ 圧迫 *Compress*

患部周辺の腫脹が予想される部位にスポンジやテーピングパッドを当て、テーピングや弾性包帯で軽く圧迫気味に固定します。

患部の内出血や腫れの範囲が広がるのを防ぐことが目的です。

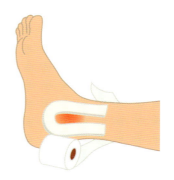

④ 挙上 *Elevate*

損傷部位をなるべく心臓より高く上げます。とくに足のケガは腫れやすいので、数日は挙上しておいた方が回復が早くなります。腫れを軽減させることが目的です。

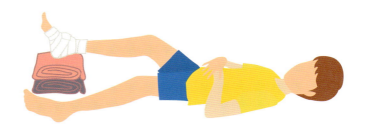

ねん挫・打撲以外のケガの処置 ❶

人命に関わるリスクも高い
頭部や顔面のケガが起こったら

頭部や顔面部の外傷は、命に関わることもあるので注意が必要です。まず、以下の5項目をチェックしましょう。

❶ 意識の有無をチェック

ケガをした人とのコミュニケーションがとれるかどうか確認します。一見意識があるように見えても、話してみるとよくわからないことを言っていたり、自分が誰かわからなくなっていることもあるので、注意深く観察します。

硬膜外出血など頭の中で出血しているときなど、受傷時は意識がはっきりしていても、あとで意識がなくなることもあります。

一見、大丈夫そうに見えても「脳しんとう（P.152参照）」を起こしていることもあるので、競技復帰の判断は慎重に行なうことが大切です。

❷ 麻痺の有無をチェック

手足に麻痺がある場合、脳や脊髄の損傷が疑われます。麻痺がないようでも、自分の指を自分の鼻に持っていく（指鼻試験）、目を閉じて立つ（閉眼起立）、片足立ちなどを行なわせて、平衡感覚を検査します。

❸ 出血の有無をチェック

鼻や耳からの出血があり、血に透明な液が混ざっていると、頭蓋骨の骨折で髄液が流出している疑いがあります。

眼の回りに内出血があるときは、ものがブレずにしっかり見えるかを確認します。視力が落ちていたり、モノが二重に見える場合は頭蓋骨の骨折の疑いがあります。

❹ 痛みの有無をチェック

激しい頭痛がいつまでも続く場合も脳の損傷が疑われます。

❺ 応急処置について

これらの症状が現れた場合は、速やかに脳神経外科等の診察ができる病院に搬送しなければなりません。搬送できる状態になるまで安静とします。

呼吸や脈拍に異常がある場合は、直ちに救急救命処置を行なわなければなりません。

PART1 スポーツ傷害が起こる状況や原因を理解しよう

ねん挫・打撲以外のケガの処置 ❷

熱中症・日射病の応急処置と予防

暑いところでスポーツ活動を行なっていると熱中症が起こりやすくなります。熱中症は、熱疲労、熱けいれん、熱射病などの症状の総称です。

人間の体は、運動をすると大量に熱を発生し、汗を出すことによって熱を体外に放散します。

体温が上がると上昇した体温を下げるために皮膚や筋肉に血液が増加し、頭などに血液が回らなくなってめまいを起こす「熱疲労」が起こります。症状としては、軽いショック症状、全身の脱力感、強い倦怠感、顔面蒼白、血圧低下、脈拍微弱、発汗多量、皮膚湿潤、頭痛、めまい、嘔吐などの症状が現れます。

また、汗で体の中の塩分が不足して全身の筋肉がつりやすくなり「熱けいれん」が起こります。とくに手足の筋肉や腹部の筋肉に、突然激しい痛みを伴うけいれんが起こります。運動中だけでなく、運動後の休息時や入浴中に起こることもあります。

さらにひどくなるとショック状態となり、適切な処置をしないと死に至る「熱射病」などが起こります。体温の異常上昇、全身の脱力感や倦怠感、嘔吐、頻脈、頭痛、めまい、耳鳴り、発汗の停止、皮膚紅潮乾燥、手足の運動障害

や視力障害、痙攣、昏睡状態などの症状が現れます。

応急処置

❶ 着衣をゆるめる。

❷ 涼しいところで体温を下げる、濡れタオルをかけて扇ぐ、首・腋の下・脚のつけ根など太い血管のある部分に氷やアイスパックを当てるなど。

❸ 頭を低く、足を高くして休ませ、手足を末梢から中心部に向けてさする。

❹ 経口補水液を飲む。

❺ 吐き気などで水分補給ができない場合は病院に運び、点滴を受ける。

❻ 意識がおかしい場合は救急車を呼ぶ。

予　防

❶ 暑いときに無理な運動は行なわない。環境条件に応じた運動、休息、水分補給が必要。

❷ 急に暑くなる時期には運動を軽減し、暑さに徐々に体を馴れさせる。

❸ 水分の補給。運動前や運動中の水分補給。スポーツドリンクなど、0.2%程度の食塩水が適当。

❹ 吸湿性や通気性のよいウエアの着用。7.体調が悪いときの運動を避ける。体力のない人、肥満、暑さに弱い人は注意が必要。

ねん挫・打撲以外のケガの処置 ❸

胸部・腹部の打撲や首のケガ

コンタクトスポーツなどで、胸を打ちつけたときに、肋骨を骨折すると肺が膨らまずに呼吸困難になることがあります。また、腹部を打撲した後いつまでも強い痛みが持続するときは、内臓の損傷を疑わなければなりません。

また、ひどく首を傷めたとき、手や背中に激痛やしびれが生じると首の神経を傷めている可能性があり、病院で精密検査をする必要があります。

ねん挫・打撲以外のケガの処置 ❹

ひどい出血の応急処置

受傷部からの出血は、創部をよく観察し、適切な処置を行ないましょう。
❶ 土などで汚れている場合は、きれいな水などで軽く洗浄後消毒する。
❷ 出血がひどいときは清潔なガーゼで創部を圧迫する。ひどい出血でも4～5分の圧迫で出血が止まることが多い。
❸ 圧迫していても血が溢れ出る場合は、上腕部や大腿部など傷より心臓に近い部分を布などで縛る。縛ったところより先に血液がいかなくなるので、速やかに医師の診察を受ける。

ねん挫・打撲以外のケガの処置 ❺

骨折・脱臼が疑われる場合の処置

腫れや変形がひどいときは骨折や脱臼の疑いがあります。骨折が疑われるときはそのまま安静にするか、もし固定できるようなものがあったら患部をそっと固定し、速やかに医師の診察を受ける必要があります。

医学的知識がないのに整復操作を行なうことは非常に危険です。

27

PART1 スポーツ傷害が起こる状況や原因を理解しよう

受傷後のケガの経過と早期回復の注意点

通常、ケガが起きた直後は痛みが激しく、時間が経つにつれて徐々に痛みが緩和されていく。その段階に合わせた処置が早期回復のポイントとなる。

スポーツ傷害の多くは、関節、筋肉、骨、靭帯、神経などの運動器の損傷です。痛みが激しい場合や原因がはっきりしない場合はかならず医師の診察を受けることが大切です。「この程度であれば大丈夫であろう」、「おそらく軽い○○だから大丈夫」などという自己判断は禁物です。

ケガをして試合や練習に出られなくなると、早く競技復帰したい気持ちが強まり、焦りが生じることも多いはずです。

ケガの状態をしっかり把握せずに痛みがなくなると同時に何となく競技に復帰するのは危険です。ケガをする前の筋力や柔軟性、関節可動域を回復させておくことが大切です。

受傷直後は「急性期」と呼ばれ、痛みも激しく、症状も刻々と変化します。まずは応急処置としてR.I.C.E.処置などを行ない、激しい痛みや炎症がなくなるまで患部を安静に保つことが大切です。

急性期を乗り越えると、症状が安定して患部の機能の回復を図る「回復期」に入ります。

以前は傷めた部位のストレッチはやってはいけないとされていましたが、症状によっては安静期間が長くなることで、筋肉が硬くなり、回復に時間がかかるため、患部に負荷がかからないように医師の監督のもとに軽いストレッチなどを行なうことが早期回復につながると考えられています。

痛みがなくなったところから、再発の予防や本格的な体力の回復を目指します。準備不足のままプレーをすると、また同じ部位を傷めたり、ケガをした部位をかばうことで違う部位を傷める可能性があります。医師の確認のうえで競技復帰することが大切です。

受傷前のように完全に復帰するためには、①関節可動域が正常の範囲になっているか、②筋力や柔軟性などが受傷前の状態に戻っているか、③ためらいなく受傷時と同じプレーができるかを事前に確認しておくようにしましょう。関節可動域と筋力に関しては左右の違いを見ながらチェックするとわかりやすいでしょう。このリハビリトレーニングを一定期間行なって、ようやく競技復帰となります。

受傷から競技復帰までのフロー：肉ばなれの例

ケガの発生

まず原因を明らかにし、次に原因を取り除く。自分で原因がわからない場合は、ためらわず整形外科を受診する。

医師に相談

① 激しい痛み

ケガの急性期は通常、約48～72時間（2～3日）程度。その期間は患部に痛み、出血、腫れ、熱感などが生じている状態。

運動の停止

急性期

② 痛みの緩和

安静による機能の低下を防ぐため積極的に患部を動かす。筋肉が短縮したままにしておくと、筋肉が硬くなり、運動再開後に再発するリスクが高まるので、十分な柔軟性を回復するためのストレッチを行なう。

医師の監督のもとでのストレッチ

回復期

ケガの原因の究明

③ 症状の回復

ケガをした側（患側）とケガをしていない側（健側）の筋力差や柔軟性の差をなくすため、患部に負荷がかからない方法でトレーニングを行なう。

医師の監督のもとトレーニング開始

慢性期

競技復帰

PART1 スポーツ傷害が起こる状況や原因を理解しよう

回復後には再発防止の コンディショニングが大切

四肢のねん挫や打撲などの外傷が起きたときに大切なのが現場での応急処置。
正しい処置をすることで、症状の悪化を防ぎ、競技復帰も早まる。

　ケガから回復しても、そもそものケガの原因がわかっていなければ、また同じ部位を傷める可能性が高くなります。通常練習ができるようになると同時に、その原因をとり除くことが大切です。

　突発的なアクシデントを除く、一般的なケガの原因のほとんどは、

　①ウォーミングアップ不足

　②体力や筋力の不足

　③スキル不足

　④クーリングダウン不足

　⑤睡眠時間や休息の不足

　⑥過剰な負荷のトレーニング

のいずれかであると考えられます。

　とくに⑥に関しては、選手だけではどうにもならない部分です。競技復帰の時

① ウォーミングアップの重要性

　スポーツを行なう前はウォーミングアップを行なうことが大切です。その内容は競技によって多少異なりますが、一般的には軽度〜中等度の運動を行ないます。

　いきなり負荷の高い運動を行なうことで血圧は急激に上昇します。それを防ぐために行なうのがウォーミングアップです。

　ウォーミングアップをすることで体温が上昇します。体温が上がることで、呼吸器や循環器系の活動が高まって酸欠状態が起こりにくくなったり、筋肉の柔

軟性が高まることで動きがスムーズになるなどのメリットがあります。

　一般的には、筋肉の柔軟性を高めるために競技で使用する筋肉の軽いストレッチから始めて、徐々に動的ストレッチへと移行していきます。

　その後、軽いランニングを行ない、瞬発系のダッシュなどの負荷の高いものに移行していきます。

　とくに、寒い日などは体が温まりにくいので、季節や気温などを踏まえて20〜30分を目安に調節していくといいでしょう。

期も含めて、本人と医師だけでなく、指導者も含めて、十分にコミュニケーションをとっておく必要があります。

また、とくにおろそかになりがちなのが、①ウォーミングアップ、④クーリングダウン、⑤睡眠時間や休息などの生活習慣です。これらの３つに関しては、その必要性をしっかり理解して、意識を変えることですぐにでも正すことが可能です。

② 必要な体力や筋力を身につける

体力や筋力不足によるケガを予防するために、日ごろから練習に耐え得る体力や筋力を身につけておくことも大切です。十分な体力や筋力がないと、疲労した状態で体をコントロールできずにケガをするリスクが高くなります。また、体が疲労すると判断力や注意力も散漫になるため、危険な状況に対応できなくなってしまいます。

また、一見、筋力がありそうに見えても、左右の筋力差が大きかったり、体の部位による筋力差があると、弱い部分に負荷が集中してケガを起こしやすくなります。日ごろから、筋力や柔軟性の偏りをなくしておくことがケガの予防につながります。

③ 基本のスキルやフォームを身につける

競技に必要なスキルを身につけることもケガの予防につながります。

例えば、基本の姿勢やフォームは、その動作を行なうために、もっともスムーズに体を動かすことができる合理的な姿勢と言えます。このフォームが乱れることで、体のどこかに大きな負荷がかかることになります。

同時に、日ごろの姿勢も今一度見直しておくといいでしょう。荷重バランスの乱れや姿勢の乱れがあると、負荷が分散されずにどこかに集中してしまいます。大きな外力が加わったときや、疲労したときにその部位にケガが起こりやすくなります。また、バランスを高めることで、技術の習得も早まります。

④ 最後にクーリングダウンを行なう

　クーリングダウンを行なうことは疲労回復とケガの予防に非常に有効です。さらに、クーリングダウンを行なうことは、運動によって興奮し状態になる神経や筋肉を落ち着かせる役割があります。

　運動強度が高いほど、血液は激しくなります。急に運動を中止すると筋肉中にある血液が脳や内臓に戻りにくくなり、めまいや体調不良などが起こります。

　運動を停止する前に、段階的なクーリングダウンを行なうことで、体に無理なく全身への血流回復を促し、体への負担を軽減することができます。

　通常、クーリングダウンでは徐々に強度を落としていきます。呼吸が落ち着く程度の軽いジョギングで少しずつ心拍数を落とし、呼吸や脈拍が落ち着いてきたところでウォーキングに切り替えてもいいでしょう。適度な血流を促すことで筋肉中にたまった疲労物質を排出する効果があります。また、深呼吸しながらウォーキングすることで、酸素を全身に送り届けることができます。

　次にストレッチで使った筋肉をゆっくり伸ばしましょう。クーリングダウンでは、反動をつけない静的ストレッチで、十分に時間をかけて、気持ちいいと思えるところまでじっくり筋肉を伸ばしていきます。

　クーリングダウンを行なうことで、柔軟性を回復させると同時に疲労を残さないことがケガの予防につながります。

⑤ 睡眠や休息の不足

　ケガの予防には、適度な休息も必要です。疲労が蓄積するとケガのリスクも高くなります。とはいえ、何もせずに寝ているだけで疲労がなくなるわけではありません。

　ストレッチやウォーキングなどの軽い運動などをとり入れることで、血行がよくなって疲労物質の排出が促され、疲労回復の効果が高まります。これを「アクティブ・レスト」と呼びます。

⑥ 年代や体力に合ったトレーニング

　これは選手にはどうにもできませんが、指導者は年齢や体力に合ったトレーニングを行なうことが大切です。とくに体が発展途上のジュニア期に無理は禁物です。体の成長がその負荷に耐えられないとケガが起こります。高度なスキルを持った選手にケガが多いのもジュニア期の特徴の一つです。

Part 2
腕部や上肢に起こりやすいスポーツ傷害

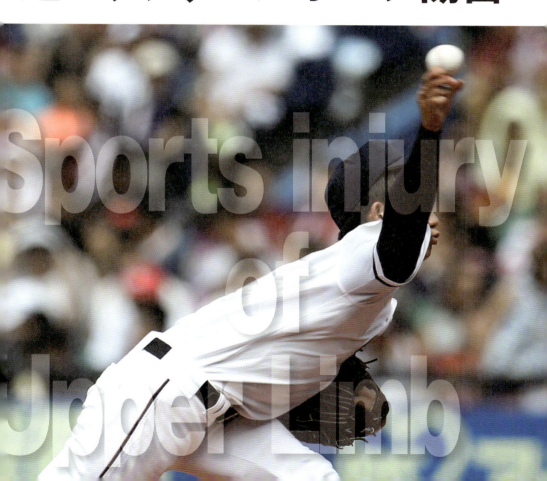

PART2　腕部や上肢に起こりやすいスポーツ傷害

腕部の傷害の多くは転倒とオーバーユースが原因で起こる

体のなかでもっとも器用に動かせる部分だけに、とっさに体を支えたり、道具などを使って負荷をかけ続ける継続疲労で傷害が起こる。

上肢のスポーツ傷害は、転倒時に手をつくことや、投球動作やスイング動作などの複雑な動きをくり返すことで、手首、ひじ、肩などの関節を傷めることが多く見られます。

手は体のなかでもっとも器用なだけに、バランスを崩したときにとっさに手をついてしまいがちです。このとき、大きな外力が加わり、関節まわりの骨折、腱や靭帯の損傷などが起こります。

腕を伸ばして転倒したり、ひじから落ちたときなどは、肩に負荷がかかるため、肩まわりの傷害を起こしやすくなります。

また、投球動作やスイング動作など、腕を振る動作を行なう競技の場合、同じ動作をくり返すことで特定部位に継続的に負荷がかかります。それを続けることで、関節まわりの軟部組織の炎症に始まり、剥離骨折などを起こすケースも多く見られます。

その他、大きなボールを使用する球技などでは突き指、コンタクトスポーツで強打することによる傷害、腕を巻き込まれることによる傷害も多く起こります。また、手をついたときに踏まれることで開放骨折などの大ケガにつながるケースも少なくありません。

本章で対象となる部位
- 手部（指、手）
- 手関節（手首）
- 前腕部
- 肘部（ひじ）
- 上腕部
- 肩部（肩関節、肩甲骨）

腕部・上肢の傷害のおもな原因

① ひねる／関節が過剰に引き伸ばされる（過伸展）

　手首や肩のように可動域の大きい関節は、可動域を超えて無理に引き伸ばされることで、関節まわりの靭帯や腱などの軟部組織を傷めやすいのが特徴です。

　また、これらの関節は非常に複雑な構造で細かい靭帯や腱が集中しているだけに、なかなか完治しにくいのも事実です。

　患部の症状が改善しても、特定部位の柔軟性が損なわれることで動作に違和感が残りやすくなります。

② 過剰な負荷がかかる

　関節を可動域の範囲内で使っているときにも、急激に大きな負荷がかかることで腱や腱鞘に炎症が起きたり、筋肉の付着部の炎症や剥離骨折なども起こることがあります。

　筋肉の柔軟性が低いとこれらの傷害が起こりやすくなるので、試合や練習の前には柔軟性や筋温（筋肉の温度）を高めるためのウォーミングアップをしておくことが大切です。

③ 継続的にかかる負荷からの疲労

　上肢は、毎日の練習や試合など、同じ動作をくり返すことで、特定部位に継続した負荷がかかりやすい部位と言えます。実際、野球ひじ、テニスひじ、ゴルフひじなど、競技名のついた傷害が多いのも事実です。

　それ以外にも、骨の長さや形状が原因で、骨と筋肉や腱などがこすれて炎症が起こる場合もあります。

④ 大きな外力が加わる

　ラグビーや柔道などのコンタクトスポーツや転倒などの不慮のアクシデントなどで、大きな衝撃が加わることで、骨折、脱臼、靭帯の断裂など、大きなケガにつながることも多く見られます。とくに肩関節の傷害などは再発しやすいのが特徴です。

⑤ その他の原因

　他にも、過去のケガなどが原因で起こる骨の変性や筋肉疲労などが原因となって、神経の絞扼による傷害が起こることもあります。また、頚部の傷害によって、腕にしびれなどの症状を来すこともあるので注意が必要です。

PART2　腕部や上肢に起こりやすいスポーツ傷害

スポーツ別 起こりやすい傷害の種類と傾向

 野球

ピッチング動作によるひじや肩、スイング動作による手首や前腕、負荷のかかる動作のくり返しによる傷害が多い。その他、デッドボールや転倒時に手をつくことによる骨折、ねん挫、打撲など。

 テニス

ストローク動作で大きな負荷をかけ続けることで起こる手首やひじの傷害がもっとも多く見られる。また、サーブやスマッシュ動作のくり返しによる肩の傷害なども起こりやすい。

 バレーボール

スパイク動作のくり返しによる肩まわりの傷害、ブロック時の突き指などが起こることが多いのが特徴。その他、転倒で手をつくことによる手首や肩の骨折、ねん挫、脱臼なども起こりやすい。

 柔道／レスリング

肩、ひじ、手首などを巻き込まれてのねん挫が起こりやすい。柔道では道着をつかむため、指の傷害も多くなる。レスリングではタックルによる肩まわりの打撲や脱臼なども起こりやすい。

 サッカー

転倒時に手をつくことによる手首の骨折、ねん挫、打撲など。ゴールキーパーの場合は、突き指やコンタクトプレーによるひじや肩の傷害などの可能性も高くなる。

 バスケットボール

もっとも多く見られるのが突き指による骨折、ねん挫、打撲、脱臼など。コンタクトプレーでの転倒で手をつくことによる手首や肩の骨折やねん挫、疲労に伴う手首やひじまわりの炎症など。

 陸上競技

投てき競技のスローイング動作のくり返しや過負荷による手首、ひじ、肩などの傷害。跳躍競技で着地するときにバランスを崩して起こる手首や肩の傷害なども起こりやすい。

 ラグビー／アメリカンフットボール

コンタクトプレーや密集プレーでのねん挫や打撲が多く見られる。相手プレーヤーのジャージをつかむことで指の傷害も起こりやすい。とくにラグビーでは、防具がないので肩を痛めやすい。

本章で扱う部位の解剖と名称

●手部の骨格（右手）

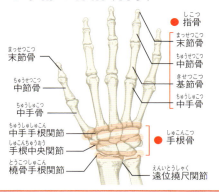

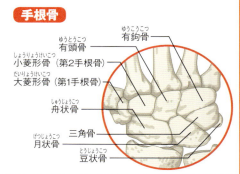

手根骨

●腕部の骨格（右腕掌側）

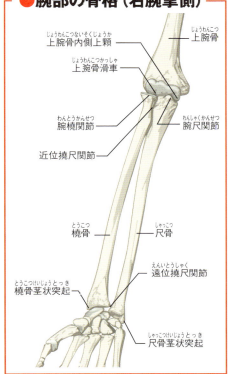

●肩関節の骨格（右肩）

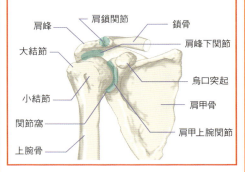

●肩甲骨（右肩）

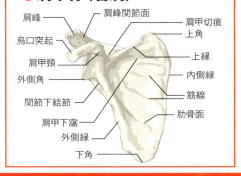

PART2 腕部や上肢に起こりやすいスポーツ傷害

● 手関節の靭帯（右手）

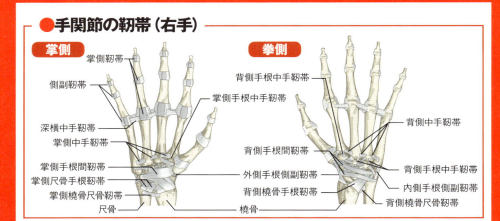

● 肘関節（ひじ）の靭帯（右腕）

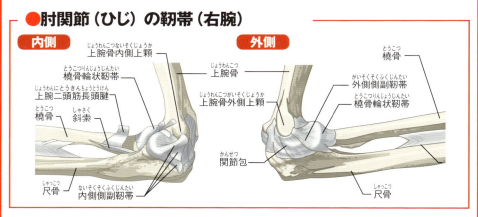

● 肩関節の靭帯（右肩）

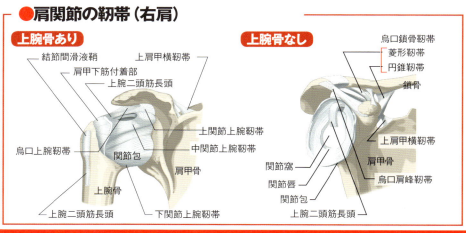

●前腕部・上腕部の筋肉

右前腕〈掌側〉

- じょうわんにとうきん 上腕二頭筋
- えんかいないきん 円回内筋
- ちょうしょうきん 長掌筋
- わんとうこつきん 腕橈骨筋
- とうそくしゅこんくっきん 橈側手根屈筋
- しゃくそくしゅこんくっきん 尺側手根屈筋
- せんしくつきん 浅指屈筋
- くっきんしたい 屈筋支帯

右前腕〈甲側〉

- じょうわんさんとうきん 上腕三頭筋
- ちょうとうそくしゅこんしんきん 長橈側手根伸筋
- ちゅうきん 肘筋
- しゃくそくしゅこんしんきん 尺側手根伸筋
- たんとうそくしゅこんしんきん 短橈側手根伸筋
- しょうししんきん 小指伸筋
- そうししんきん 総指伸筋
- ぼしがいてんきん 母指外転筋

右上腕〈前面〉

- じょうわんにとうきんちょうとう 上腕二頭筋長頭
- じょうわんにとうきんたんとう 上腕二頭筋短頭
- じょうわんきん 上腕筋
- わんとうこつきん 腕橈骨筋

右上腕〈背面〉

- じょうわんさんとうきんがいそくとう 上腕三頭筋外側頭
- じょうわんさんとうきんちょうとう 上腕三頭筋長頭
- じょうわんさんとうきんないそくとう 上腕三頭筋内側頭

●肩関節まわりの筋肉

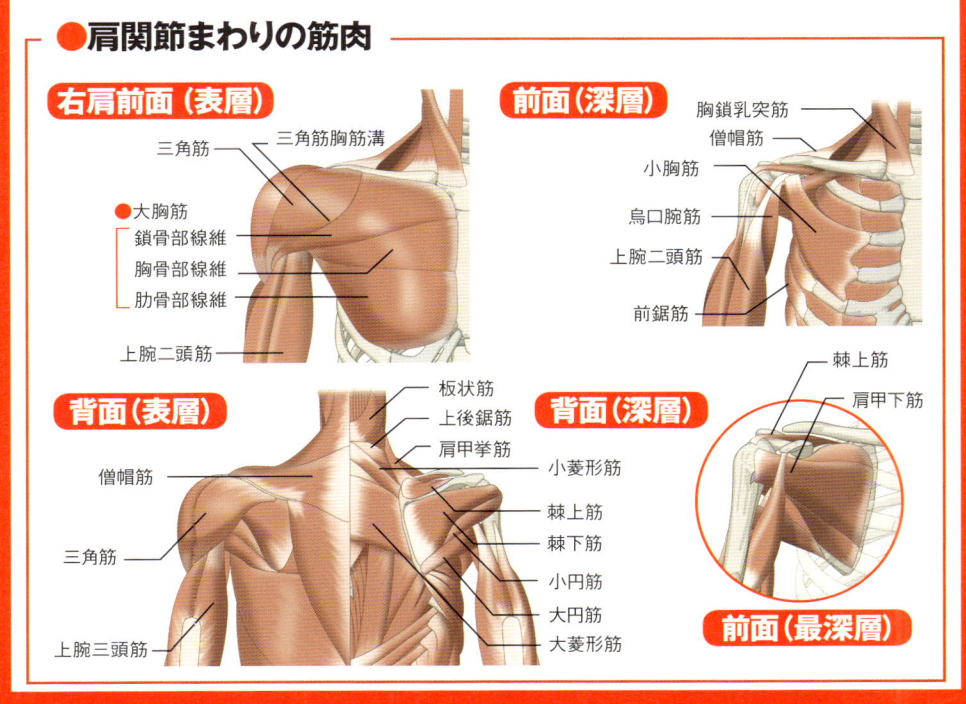

右肩前面〈表層〉

- 三角筋
- 三角筋胸筋溝
- ●大胸筋
  - 鎖骨部線維
  - 胸骨部線維
  - 肋骨部線維
- 上腕二頭筋

前面〈深層〉

- 胸鎖乳突筋
- 僧帽筋
- 小胸筋
- 烏口腕筋
- 上腕二頭筋
- 前鋸筋

背面〈表層〉

- 板状筋
- 上後鋸筋
- 肩甲挙筋
- 僧帽筋
- 三角筋
- 上腕三頭筋
- 小菱形筋
- 棘上筋
- 棘下筋
- 小円筋
- 大円筋
- 大菱形筋

背面〈深層〉

前面〈最深層〉

- 棘上筋
- 肩甲下筋

PART2 腕部や上肢に起こりやすいスポーツ傷害

完治の目安となる関節の正常可動域

腕部は非常に敏感な部分だけに、ケガから回復した後も違和感が残りやすくなります。

無理なストレッチなどをしないように、正常な可動域を理解しておくことが大切です。

●指（母指）

橈側外転
母指を橈骨側に開く角度は通常は約60度。

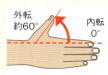

尺側内転
母指を尺骨側に閉じる角度は0度。

掌側外転・内転

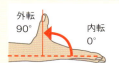

手のひらを上に向けて母指を立てる（掌側外転）の角度は90度。内転角は0度。

中手指節関節
親指のつけ根を橈骨側に開く（伸展）角度は約10度。尺骨側に閉じる（屈曲）角度は約60度。

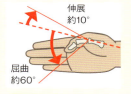

指節間関節
母指の第1関節を橈骨側に開く（伸展）角度は約10度。尺骨側に閉じる（屈曲）角度は約80度。

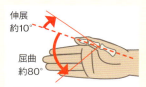

●第2〜4指の名称と内外転

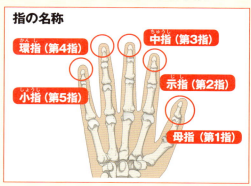

指の名称
- 環指（第4指）
- 中指（第3指）
- 小指（第5指）
- 示指（第2指）
- 母指（第1指）

内転・外転

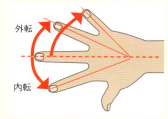

中指から離れる角度は、示指と環指は約45度、小指は約50度。

●第2〜4指の屈曲と伸展

中手指節関節

指をつけ根から曲げる（屈曲）角度は約90度。甲側に伸ばす（伸展）角度は約45度。

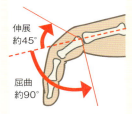

近位指節間関節

第2関節（近位指節間関節）を曲げる（屈曲）角度は約90度。甲側に伸ばす（伸展）角度は0度。

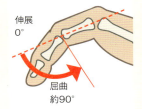

遠位指節間関節

第1関節（遠位指節間関節）を曲げる（屈曲）角度は約80度。甲側に伸ばす（伸展）角度は0度。

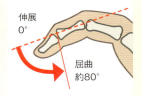

●手関節の可動域

掌屈（屈曲）

手のひらを下に向けたところから、手首を手のひら側に曲げる（掌屈）角度は約90度。

背屈（伸展）

手のひらを下に向けたところから、手首を甲側に反らせる（背屈）角度は約70度。

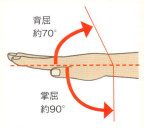

橈屈

手のひらを垂直に立てたところから、母指を橈骨に近づけるように上方向に手首を曲げる（橈屈）角度は約25度。

尺屈

手のひらを垂直に立てたところから、小指を尺骨に近づけるように下方向に手首を曲げる（尺屈）角度は約55度。

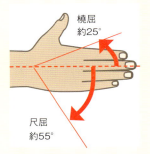

PART2　腕部や上肢に起こりやすいスポーツ傷害

●肘関節の可動域

回内・回外

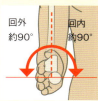

回外 約90°　回内 約90°

屈曲・伸展

ひじを伸ばして体の横につけた状態から、ひじの位置を変えずに上方向に曲げる角度は約150度。
また、個人差はあるが、ひじをさらに伸展（過伸展）できる範囲は約0〜10度となる。

ひじを90度に曲げ、前腕を水平にして、手のひらを立てたところから前腕を内に回旋させる（回内）、外に回旋させる（回外）の可動域はともに約90度。

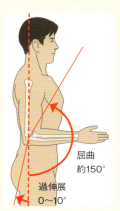

屈曲 約150°
過伸展 0〜10°

●肩関節の可動域

内旋・外旋

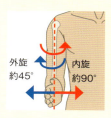

外旋 約45°　内旋 約90°

ひじを90度に曲げて体の横につけた状態から、ひじの位置を変えずに前腕を体に近づける（内旋）角度は約90度、外に広げる（外旋）角度は約45度。

外転

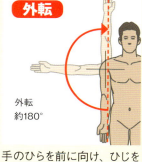

外転 約180°

手のひらを前に向け、ひじを伸ばして体の横につけ、ひじを伸ばしたまま横から上に上げるときの可動域は約180度。

屈曲・伸展

ひじを伸ばして体の横につけた状態から、ひじを伸ばしたまま腕を上げる（屈曲）角度は約180度。腕を後方に引く動作（伸展）での可動域は約60度。

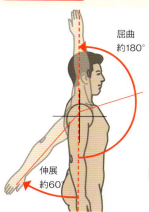

屈曲 約180°
伸展 約60°

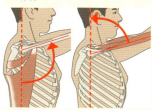

肩甲骨が動かない水平より少し上の125度程度までは、広背筋や大円筋の伸展能力で可動域が確保される。これらの筋肉の柔軟性が乏しいと肩甲骨が上がり始める

神経障害を引起こすひじの角度

　通常、正面から見たひじの角度は上腕骨に対して前腕の軸が、約10〜15度外側を向いて（外反）います。これよりも大きく外側に向いている状態を「外反肘（がいはんちゅう）」と呼びます。

　先天性の外反肘もありますが、後天性の場合は上腕骨外顆骨折後の変形治癒や偽関節の形成、上腕骨小頭骨折、橈骨頭骨折や脱臼などが原因で生じます。

　ひじの内側に尺骨神経が通っているため、外反肘ではひじの内側を軽くたたくと、小指と薬指の一部がしびれます。

　外反肘とは逆に、ひじの部分で前腕が内側へ変形している状態を「内反肘（ないはんちゅう）」と呼びます。

　先天性以外の内反肘の原因としては、子どもの頃の上腕骨顆上骨折後の変形治癒や骨端線の障害で生じることが多く見られます。

　外反肘では肘部管症候群（P.64参照）を生じることがあります。変形を矯正するには尺骨を切る手術が必要となります。

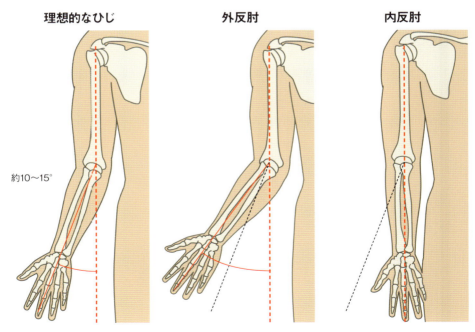

正しいひじの角度（右腕）

理想的なひじ　　　外反肘　　　内反肘

約10〜15°

手・手首・前腕部・ひじ・上腕部・肩に起こりやすいスポーツ傷害

手首や肩のように可動域の大きな関節は、自由に動くぶんだけもともとの構造が不安定なため、ケガをしやすい部位とも言えます。

また、上肢は日常生活でもよく使う部位のため、完治後も違和感やぎこちなさが残りやすくなります。

正しい処置をせずに放置してしまうと二次的な神経障害などを起こすこともあるので注意が必要です。

突き指

突き指とは、指先がボールや地面などにぶつかることで指の関節や周辺組織に起こる外傷の総称で、関節捻挫、靭帯損傷、打撲、脱臼、腱断裂、軟骨損傷、骨折などが含まれる。

スポーツ以外でも、物を握ったまま転倒したり、不意にぶつけることでも起こる。全スポーツ外傷の約1/4を占めるとされ、男性に多く、また環指（薬指）の頻度がもっとも高い。

正しく処置しないと、後に影響を及ぼすこともあるので注意が必要。靭帯を痛めた場合、外力で伸ばされて痛みが発生しているので、むやみに指を伸ばしたり、引っ張らないことが大切。

突き指で痛む部位と傷害例

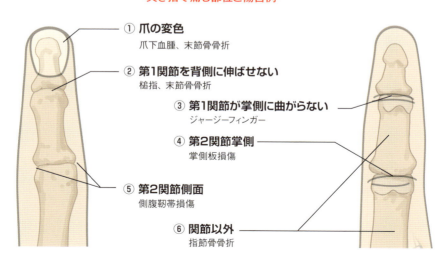

① 爪の変色
爪下血腫、末節骨骨折

② 第1関節を背側に伸ばせない
槌指、末節骨骨折

③ 第1関節が掌側に曲がらない
ジャージーフィンガー

④ 第2関節掌側
掌側板損傷

⑤ 第2関節側面
側腹靭帯損傷

⑥ 関節以外
指節骨骨折

● 指節骨骨折

指には、末節骨、中節骨、基節骨があり、よく骨折を起こす。突き指では末節骨、転倒などでは基節骨が、骨折していることが多く、根元近くで折れているケースが多く見られる。

骨に転位のない骨折、小さな裂離骨折、小児の骨端線損傷など、Ｘ線検査では明確に分からないことも多いので注意が必要。

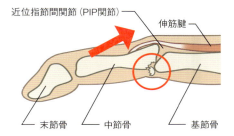

PIP関節の脱臼に伴う中節骨骨折例

近位指節間関節（PIP関節）　伸筋腱
末節骨　中節骨　基節骨

● 近位指節間関節脱臼

突き指など外力によってしばしば起こる関節の脱臼。背側の脱臼が一般的で、通常は過伸展によって、掌側の関節構造の関節内への転位が起こることもある。掌側の脱臼は、伸筋腱の中央索を破壊し変形を起こすことがある。

骨折を伴う場合も多く、習慣性脱臼などの障害を残す可能性もあるので、かならず医師の判断を仰ぐようにしよう。

● 屈筋腱損傷（ジャージーフィンガー）

指を踏まれるなどしたときの腱の皮下断裂、指を曲げようとした時に反対方向に強い力で指が伸ばされて腱が指の骨から剥がれると、筋肉の力が指に伝わらなくなり、指が曲がらなくなる。後者は柔道やラグビーなどで、相手の服をつかんだときに指が引っかかったまま強く引っ張られたときなどに起こりやすい。別名「ジャージーフィンガー」とも呼ばれている。

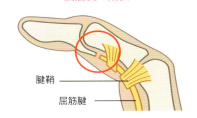

屈筋腱の断裂

腱鞘
屈筋腱

手をグーにしようとしても、指が曲がり切らない場合は、この疑いがある。末節骨の裂離骨折を伴うケースもしばしば見られる。

● 関節側副靭帯損傷

手指のそれぞれの関節は、関節包、側副靭帯、手掌（掌側）靭帯・掌側板などで覆われ、その上に伸筋腱や屈筋腱が付着している。

指に外力が加わり、過伸展や急激な屈曲を強制されることで側副靭帯が伸ばされて損傷する。

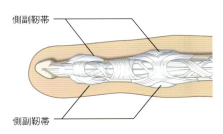

側副靭帯

側副靭帯

側副靭帯

PART2　腕部や上肢に起こりやすいスポーツ傷害

● スキーヤーズ・サム

尺側側副靱帯の損傷

母指MP関節が強制的に外転と伸展されて起こる尺側の側副靱帯が「スキーヤーズ・サム」。

母指と示指(人差し指)でつまむ動作(OKサイン)で痛みを感じる。側副靱帯が完全に断裂してしまっている状態を「ステナー病変」といい、外科的処置が必要になる。

かつて、イギリスで素手でウサギの首の骨を折る狩猟場の番人（ゲームキーパー）によく見られたことから「ゲームキーパー・サム」とも呼ばれる。

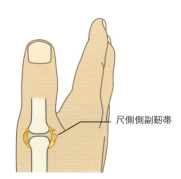

尺側側副靱帯

● 槌指（マレットフィンガー）

伸筋腱の断裂と剥離骨折

指の第1関節（DIP関節）において、伸筋腱の断裂または末節骨伸筋腱付着部の剥離骨折により、指先が曲がったまま伸びなくなる傷害。

関節を伸ばした状態での突き指などで、関節が強制的に屈曲されることで、腱が傷ついたり、断裂して骨から外れ、突き指の症状に伴う痛みを生じ、自分で伸ばせなくなる。単純に腱が切れただけの場合、痛みを伴わないケースもある。

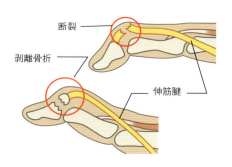

断裂
剥離骨折
伸筋腱

● ばね指（屈筋腱滑膜炎）

屈筋腱の炎症

指を曲げるための腱の1つが炎症を起こして腫れ、指を曲げたまま動かなくなる傷害。

通常、腱は腱鞘の中を前後になめらかに動いているが、炎症を起こして腱が腫れることで、指を伸ばすときに無理に腱鞘に押し込まれ、ばねで弾かれたような音がする。腫れがひどくなって腱鞘を通過できなくなると指を曲げた状態で動かなくなる。

スポーツ傷害としては、手の使い過ぎによる屈筋腱まわりの炎症が原因で起こる。

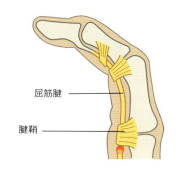

屈筋腱
腱鞘

手の甲や手のひらの傷害

手の甲は、皮膚のすぐ下に伸筋腱が通っているため、甲を強く打ちつけることで、それらの腱やその周辺組織を損傷することが多い。

また、さらに強い力で打ちつけることで、中手骨の骨折を起こしたり、手のひら側からの負荷のくり返しによる疲労骨折などを起こしやすい。

● 中手骨骨折（ボクサー骨折）

骨幹部の骨折は、転倒などで強い力が直接骨に加わったり、手をひねる力が加わることで起こる。

頚部骨折は、握りこぶしで物を殴ったときに起こりやすく、別名「ボクサー骨折」とも呼ばれる。甲側の凸変形が起こるため、骨折した指のこぶしが凹んで見えるのが特徴。

母指の中手骨の根本で骨折が起こると、脱臼が生じる。これを「ベネット骨折（母指CM関節脱臼骨折）」と呼ぶ。母指の先端部にボールが当たるなど、根本に向かって強い力が加わることで起こる。母指外転筋によって母指が手首方向に引っ張られることで骨折部位が脱臼してズレるのが特徴。

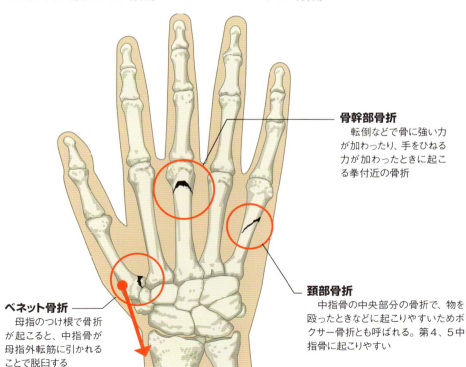

骨幹部骨折
転倒などで骨に強い力が加わったり、手をひねる力が加わったときに起こる拳付近の骨折

ベネット骨折
母指のつけ根で骨折が起こると、中指骨が母指外転筋に引かれることで脱臼する

頚部骨折
中指骨の中央部分の骨折で、物を殴ったときなどに起こりやすいためボクサー骨折とも呼ばれる。第4、5中指骨に起こりやすい

PART2 腕部や上肢に起こりやすいスポーツ傷害

● 中手骨疲労骨折

テニスなどのスポーツで、大きな衝撃がくり返し加わることで負荷がかかり、骨組織の修復の能力を上回って起こる疲労骨折。

原因としては、筋力の弱さ、柔軟性不足、フォームの悪さなどが挙げられる。放置してトレーニングなどを続けると完全骨折に至ることがあるので注意が必要。

痛みが出て2〜3週すると、損傷部の修復反応として、レントゲンでも新しい骨（仮骨）が確認できる（外骨膜反応）ようになる。

骨肉腫に代表される悪性骨腫瘍などの疾患でも、同様の症状が起こるため早期に診察を受けることが大切。

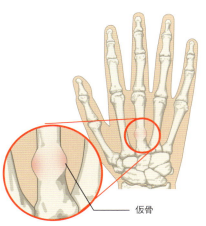

中手骨疲労骨折部位（右手）

仮骨

● 伸筋腱脱臼

転倒してこぶしを強くぶつけたり、手の甲を踏まれるなどの外傷で矢状索が切れて起こる伸筋腱の脱臼。通常、指を軽く曲げたときに伸筋腱は伸ばされるが、矢状索に囲まれているため安定した位置にある。この矢状索が切れることで支えがなくなり、伸筋腱が左右にずれる（脱臼）ようになる。

受傷直後は打撲による腫れや痛みがあるので、

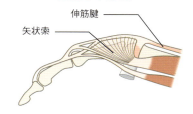

伸筋腱と矢状索

伸筋腱
矢状索

気がつかないことが多く、放置されがちだが、早期発見すれば保存療法で治る確率も高くなる。

● 上腕や前腕のケガが原因で起こる指や手のしびれ、脱力感

手のひらや手の甲のしびれや違和感は、前腕部や上腕部の傷害によって起こることも少なくありません。

上腕部の傷害で「橈骨神経」に問題があると、親指〜中指の背側を含む手の甲側から前腕にかけての感覚障害が生じることがあります。「正中神経」が絞扼されると、親指〜薬指の掌側の感覚障害、手首や指を曲げる筋力の障害、手根管症候群と同様の症状などが起こります。また、「尺骨神経」が絞扼されると、前腕の尺側と小指や薬指の感覚障害や屈曲障害、手のひらの筋肉が麻痺し巧緻運動障害（細かい動きが上手くできない）が生じます。

手首の骨折

手首は、前腕の橈骨と尺骨、そして手根部にある8個の短骨で構成されている。それらの骨に靭帯や筋肉が付着しているため、その構造は非常に複雑だ。とくに前腕部の筋肉の付着部を骨折することで、様々な変位がもたらされるのが手首の骨折の特徴と言える。

● 橈骨遠位端骨折

転倒して手をついた際に受傷することが多く、スポーツ傷害の中でも非常に頻度が高い骨折。強い外力がかかって起こるため、骨片が粉砕して関節内骨折になることが多く、腱の断裂や神経障害を合併する場合があるのが特徴。

❶ コーレス骨折

橈骨の手関節に近い部分で骨折し、遠位骨片が手背方向へ転位した場合を「コーレス骨折(橈骨遠位端部伸展型骨折)」と呼ぶ。転倒時に腕を伸ばした状態で手のひらをつくことで起こる。

❷ スミス骨折

手の甲をついて転倒したときに起きる骨折で、側面から見ると変形がコーレス骨折と反対の方向に生じているから「逆コーレス骨折」とも呼ばれる。骨折の位置や転位でさらに以下の3種類に分類される。

① バートン骨折

スミス骨折の一種で、橈骨の前方部分だけに骨折のあるもの。橈骨の関節内骨折に加え、骨片とともに手根骨が背側や掌側に転位した橈骨手関節脱臼骨折。

② ショファー骨折

スミス骨折の一種で、橈骨茎状突起の骨折。昔、クランクバーを回転させエンジンをかける車の起動時に、運転手(ショファー)によく起きていたことで名付けられた。

③ 粉砕型橈骨遠位端骨折

スミス骨折の一種で、骨折線が複数存在し、骨片も多いもの。骨粗鬆症の高齢者が転倒した場合などに多く見られる関節内骨折。

骨折の部位(右手)

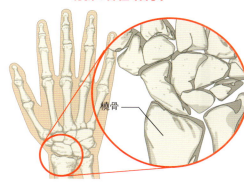

橈骨

コーレス骨折とスミス骨折(右手)

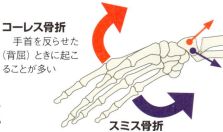

コーレス骨折
手首を反らせた(背屈)ときに起こることが多い

スミス骨折
手首を曲げた(掌屈)ときに起こることが多い

PART2 腕部や上肢に起こりやすいスポーツ傷害

● 舟状骨骨折

橈骨遠位端骨折と同様に、転倒して手をついた際に受傷しやすい骨折。橈骨骨折よりは頻度は低いが、手根骨の中ではもっとも多く見られる骨折。通常のX線撮影では角度的に写らないため、打撲や捻挫と診断される場合も多い。

手関節に近い側の骨片の血行が悪いため、骨癒合に時間がかかることが多く、手関節の運動で患部に捻れの力が加わらないように固定する必要があるのが特徴。

骨折の部位の分類（右手）

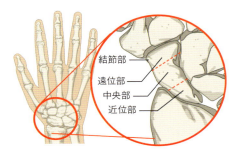

結節部
遠位部
中央部
近位部

偽関節の出現
受傷直後に映像で確認できない場合でも、1週間程度経過すると骨折部が離開して*偽関節ができることで判明する

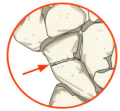

*偽関節 … 3ヶ月程度経過しても骨融合せずに、融合が不可能となった状態

● 有鉤骨鉤骨折・疲労骨折

物を握っている際に、ストレスがかかることにより起こることが多い骨折。野球、ゴルフ、テニスプレイヤーに多く見られるスポーツ傷害。直接的な原因がなく痛みを発症した場合、疲労骨折を起こしている可能性が高い。

受傷直後から疼痛を生じ、手関節の背屈が困難になるなどの症状が現れる。徐々に痛みが出る。

基部より1/3のところで骨折が起こりやすいため、レントゲンで見つかりにくいのが特徴。
放置したままでは骨癒合しにくく、偽関節となると疼痛が残りやすくなる。疲労骨折を起こした場合、有鉤骨の近くに尺骨神経が通っているため、尺骨神経炎が合併すると小指や薬指の腹にしびれが出ることもある。

有鉤骨と有鉤骨鉤（右手）

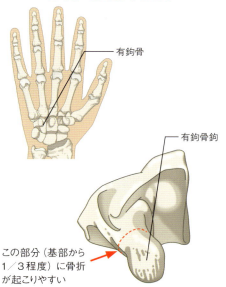

有鉤骨

有鉤骨鉤

この部分（基部から1/3程度）に骨折が起こりやすい

手首のねん挫や手根不安定症

手首を強くひねったり、強い衝撃を受けることで、手根骨まわりの細かい靭帯や軟部組織を損傷する。小さな靭帯でも、手首の動きを安定させるために大きな役割を果たしている。放置をすることで、手首に不安定感が残ったり、周辺の神経障害を引き起こすので注意しよう。

手首周辺で損傷が起こりやすい靭帯（右手）

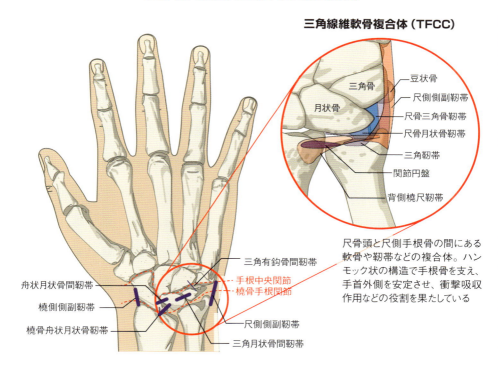

三角線維軟骨複合体（TFCC）

尺骨頭と尺側手根骨の間にある軟骨や靭帯などの複合体。ハンモック状の構造で手根骨を支え、手首外側を安定させ、衝撃吸収作用などの役割を果たしている

● 手関節ねん挫（手根骨間靭帯損傷）

手首を過伸展した状態で倒れたときや、手首を急激に曲げたり捻ったときに起こる手根骨間の靭帯損傷。転倒以外の場合、テニス、卓球、ゴルフなど手首を返したりスピンを掛ける動作が多いスポーツで起こりやすい傷害。

傷める靭帯の代表的なものは、舟状骨‐月状骨間靭帯、三角骨‐月状骨間靭帯、三角骨‐有鉤骨間靭帯などが挙げられる。

受傷後は、腫れ、圧痛、運動時痛、可動域制限などが生じる。

放置すると手根不安定症となり、疼痛、運動制限、運動時痛などが持続することがある。ねん挫をくり返すことで、手の骨への栄養供給が少なくなる恐れもある。

● TFCC損傷（三角線維軟骨複合体損傷）

ラケットを使うスポーツや転倒時に手を強くついたときなどの外傷をきっかけに発症する。

三角線維軟骨複合体（TFCC、P.51右上参照）と呼ばれる尺骨三角骨靭帯、尺骨月状骨靭帯、掌側橈尺靭帯、背側橈尺靭帯の4つの靭帯や手首の外側部分の関節円盤に亀裂が入るなどの傷害が起き、手首の外側の支持がなくなる。

手に力が入りにくかったり、手首を外側に返したり（尺屈）、反らせたとき（背屈）に痛みを生じる、有痛性のクリック音が生じることもある

TFCCは軟骨と靭帯成分のため、レントゲン

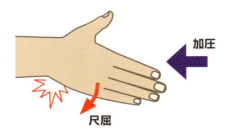

TFCC損傷で傷む部位
加圧
尺屈

では異常が見られずねん挫とされることが多く、完治にも時間がかかるのが特徴。

● 月状骨周囲脱臼・月状骨脱臼

手のひらをついて倒れたときに起こる傷害。月状骨周囲脱臼とは、月状骨と橈骨との位置関係を正常に保っているにもかかわらず、周囲の骨が脱臼する傷害。手根不安定症として後遺障害を残すこともある。

一方、月状骨だけが単独脱臼する場合を月状骨脱臼と呼ぶ。まれに起こる外傷で、レントゲンに写りにくいことから、ねん挫とされることが多い傷害。

ともに、受傷後に患部の疼痛、運動制限、圧痛、腫れなどを生じる。放置すると、月状骨の近くを通る正中神経を圧迫し、正中神経麻痺などの合併症が発生する可能性がある。

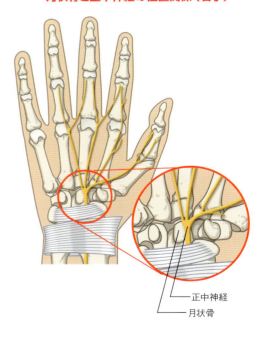

月状骨と正中神経の位置関係（右手）

正中神経
月状骨

腱鞘炎

腱の周囲を覆う腱鞘の炎症。腱自体の炎症である腱炎を合併することが多く見られる。

特定の原因は不明だが、手首の使い過ぎ、関節炎やケガなどで腱鞘が肥厚したり、硬くなったりすることから生じるとされる。

発症すると、患部の痛み、疼痛、運動制限、圧痛、腫れなどを生じる特徴がある。

スポーツ傷害以外にも、育児中の女性、キーボードを打つ職業、ピアニスト、漫画家、作家などに多く見られる。

● **手根管症候群**

手根管症候群とは、手のしびれ感を伴うもっとも一般的な疾患の総称。

手根管とは、手首にある手根骨と手根靭帯に囲まれた空間のことで、指を曲げるための9本の腱と正中神経が通過する。この手根管内で、何らかの原因で正中神経が圧迫されることで手根管症候群が発生する。

スポーツ傷害として多く見られるのが、手首の骨折後や手を酷使することが原因で発生する滑膜炎(指を曲げるための屈筋腱の炎症)によるもの。

症状としては、母指～環指の母指側のしびれと感覚低下。はじめは中指にしびれが発症することが多く、徐々にとなりの指に広がる。とくに、夜間や明け方に痛みやしびれが増し、症状が悪化すると母指球筋(母指のつけ根の筋肉)の筋力低下をきたす。

狭窄性腱鞘炎になるプロセス

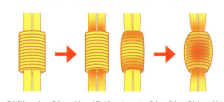

腱鞘の中で腱が動いて母指を動かす｜使い過ぎによって、腱の表面が傷んだり、腱鞘が肥厚する｜腱の動きに伴って腱や腱鞘に炎症を起こす

● **ドケルバン病(狭窄性腱鞘炎)**

手の伸筋腱のうち、もっとも母指に近い長母指外転筋腱と短母指伸筋腱の腱鞘に炎症が起こった腱鞘炎をドケルバン病と呼ぶ。

母指のつけ根や手首の母指側の痛み、母指の運動制限などが特徴。腱周囲の組織が硬くなり、母指側の手首の突起(橈骨茎状突起部)の周囲が腫れると圧痛を生じる。

手の使い過ぎ、指をよく使うスポーツや仕事などで起こり、妊娠出産期の女性や更年期の女性に多く見られるのが特徴。

手首の腱鞘炎の起こる部位

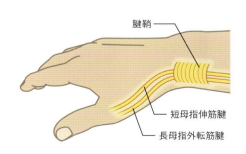

腱鞘／短母指伸筋腱／長母指外転筋腱

PART2 腕部や上肢に起こりやすいスポーツ傷害

前腕部の骨折とひじの脱臼

● 橈骨遠位端骨折（コーレス骨折・スミス骨折）

橈骨遠位部（手首のまわり）に起こった骨折。
P.49参照

① 前腕の骨幹部（橈・尺骨）骨折

前腕を強打したり、転倒して手を地面につき、前腕に捻れの力が加わったときに起こる橈骨や尺骨の骨幹部の骨折。前腕の骨幹部で骨折すると、強い痛みや腫脹を伴う。橈骨と尺骨がともに折れると、通常、前腕の中央部で大きく変形するが、どちらか一方のみの骨折ではあまり変形しないこともある。

皮膚が破れて出血する開放骨折でなくても、血管や神経が傷つくと、手の血流の悪化、しびれ、指が動きにくくなるなどの症状が現れる。また、ひじや手首の脱臼を伴う場合もある。

骨癒合に時間がかかる事が多く、骨がつかないこともあるので注意が必要。変形して骨癒合して前腕の回旋が制限されたり、橈骨と尺骨の長さに不均衡が生じて骨癒合すると手首の痛みを生じることがあるので注意が必要。

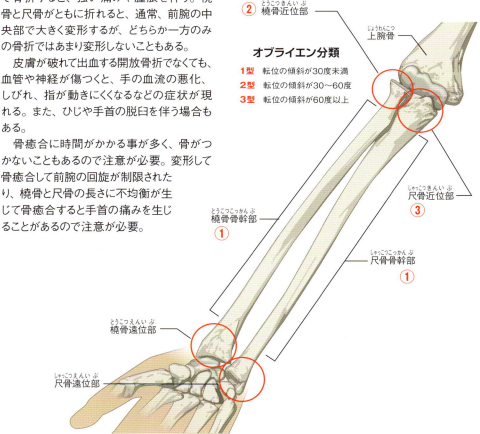

右腕内側（手のひら側）

オブライエン分類
- 1型　転位の傾斜が30度未満
- 2型　転位の傾斜が30〜60度
- 3型　転位の傾斜が60度以上

54

② 橈骨頭・頚部骨折

転倒時にひじを伸ばして手をつくことで、肘関節が過伸展して橈骨近位部に起こる骨折。成人では橈骨頭、小児では橈骨頚部の骨折が多く見られる。受傷後は、肘周辺の腫れ、皮下出血、痛み、異常な動きなどが見られる。転位の程度によって骨折型が3段階に分類され（オブライエン分類）、治療方法が異なる。

5歳以下では橈骨頭骨端核が出現していないため、骨折が見落とされやすく、上腕骨内側上顆骨折、肘頭骨折、内側側副靭帯損傷、肘関節脱臼などの合併損傷も見落とされることがある。

③ 尺骨肘頭骨折

転んでひじをぶつけたり、手をついたときに多く見られる尺骨近位部の骨折。スポーツ傷害としては、上腕筋の力を瞬間的に使う陸上投てき競技、柔道などのコンタクトスポーツ、野球の投球動作やラケットスイングなどのスポーツでの疲労骨折も多く見られる。

肘頭が骨折すると、そこに付着している上腕三頭筋によって骨折部が引っ張られ、折れた骨片が引き裂かれるため、自分の意思でひじをうまく動かせなくなる。ひじ周辺が激しく腫れ、押さえると強い痛みを感じる。ひじ周辺が窪んで、骨折が分かる場合もある。

● 肘関節脱臼

肘関節脱臼のほとんどのケースが、おもに思春期から成人が転倒で手をついて起こる。乳幼児や高齢者の場合は骨折に至るため、骨折を伴わない脱臼はごくまれなケースとなる。

肘関節は、上腕骨と2本の前腕骨（橈骨と尺骨）とで形成されている。肘関節脱臼のほとんどの場合、尺骨が上腕骨の後ろ側にはずれる後方脱臼で、肘関節の屈伸ができなくなる。橈骨頭だけがはずれる場合は「橈骨頭脱臼」と呼ばれる。

整復後すぐに再脱臼を起こすような場合など、肘関節の靭帯損傷を伴うケースも少なくない。

正常な肘関節（左腕）

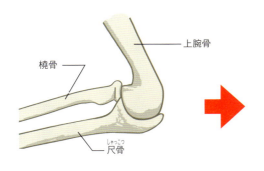

後方脱臼した肘関節

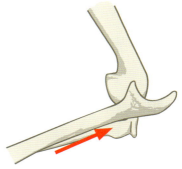

PART2 腕部や上肢に起こりやすいスポーツ傷害

● モンテジア骨折

尺骨骨幹部骨折と橈骨頭の前方脱臼の合併損傷をモンテジア骨折と呼ぶ。

手をついて転倒し、前腕を強く内側にひねった（回内）ときにこの骨折が生じやすい。橈骨神経麻痺が併発すると後遺障害が残ることもある。骨折ばかりに注意がいくと、脱臼が見逃されがちなので、レントゲン写真での確認が必要。

モンテジア骨折例（右腕）

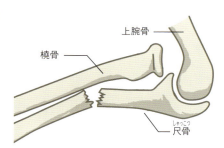

● ガレアッチ骨折

転倒時に手をついて、橈骨の手首に近い遠位側で骨折し、尺骨は骨折せずに橈尺関節で脱臼を伴ったものをガレアッチ骨折と呼ぶ（橈骨の骨折と尺骨の脱臼）。尺骨の脱臼のため、骨が飛び出したように手関節あたりで変形する。

ガレアッチ骨折例（右腕）

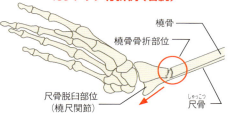

● 尺骨疲労骨折

尺骨骨幹部の疲労骨折は頻度としては決して多くないものの、その多くは腕に強い負荷がかかるスポーツや肉体労働などの習慣的な動作などが原因で引き起こされる。最初は我慢できても骨折に至ると痛みが増し、その動きが続けられなくなる。尺骨の疲労骨折の原因としては、大まかに以下の3つが挙げられる。

①尺骨の形状的な原因

尺骨は、手首側では断面が丸い形状（**A**）、ひじに近づくにつれ徐々に三角の形状になり、肘関節近くでは厚く頑丈（**E**）になっている。骨幹部の手首近く（**BC**部）は、薄く細い形状のためストレスに弱く、疲労骨折を起こしやすい。

②前腕部にかかる剪断力

ひじを曲げて重いものを持つと、前腕部の屈筋群を通じて前腕の2本の骨にかかる。強いストレスをくり返すことで、尺骨の基幹部に剪断力がかかり疲労骨折が起こる。

③ねじれ動作のくり返し

手を内側へねじる動作をくり返すことで、前腕部に大きなストレスがかかる。竹刀やテニスラケットなどを握りしめ、内側に絞り込む動作をくり返すことで、道具の重みや衝撃がかかり、尺骨疲労骨折が起こる。

尺骨断面の形状（右腕）

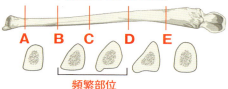

● 野球ひじ

野球の投球動作によるひじの傷害を総称して「野球ひじ」と呼びます。

骨、軟骨や靭帯、腱付着部などの傷害が含まれますが、発症した部位により内側型と外側型に分類されます。一般的に、野球ひじは内側型から始まり、病変の進行により外側型に移行すると言われています。できるだけ内側型のうちに治療しておくことが必要です。

【内側型】
内側側副靭帯損傷（P.60参照）
上腕骨内側上顆炎（P.60参照）
回内筋損傷

振りかぶってボールを投げる瞬間にひじの内側が強く引っ張られる動作をくり返すことで、内側側副靭帯を損傷したり、上腕骨の内側上顆の筋付着部などに傷害が起こります。その他、尺骨神経の麻痺が起こることもあります。

長期的な経過は比較的良好で、軽度の場合は投球しながらの治療も可能です。

【外側型】
外側側副靭帯損傷（P.61参照）
上腕骨外側上顆炎（P.61参照）
上腕骨小頭離断性骨軟骨炎

少年期など骨が未成熟のときに投球動作をくり返すことで、肘関節が強制的に外反され、橈骨頭により上腕骨小頭が衝撃を受け、血行障害が起こります。骨の一部が軟骨とともに剥離骨折して、離断性骨軟骨炎が起こることがあります。

内側型に比べ、頻度は少ないものの、長期間の投球動作により生じます。

【後方型】
肘頭骨端線離開（P.62参照）
上腕三頭筋腱炎（P.63参照）

投球動作によってひじ後方が圧迫されたり、引っ張られて起こります。

一般的に初期治療として、投球動作を禁止し、自然治癒が促されます。無理をして投球を続けることで軟骨や骨片などが分離して遊離体となり、痛みや運動制限を起こす肘関節症に移行してしまいます。

少年期に起こった場合、競技の停止をして、程度によっては運動種目の変更や利き手交換を勧める場合もあります。

半年程度の競技停止で治癒しない場合、野球復帰を目指すのであれば、遊離した骨軟骨片の状態に応じて骨穿孔術、骨釘固定術、骨軟骨柱移植などの手術を行う場合もあります。

術後は、2～3週間のギプス固定、リハビリを経て、半年後の投球開始を目指します。

上腕部の骨折

上腕骨の骨折は、近位部である上端、遠位部である下端、そして骨幹部の骨折の3種類に分類される。

上腕骨上端骨折には、上腕骨近位端骨折なども含まれるが、これらに関してはP.67で解説する。

① 上腕骨顆上骨折／内顆骨折／外顆骨折

この骨折は5～10歳代の子どもに多く、肘関節周囲の骨折の約60％ぐらいを占める骨折。うんていなどの高いところから落ちて、手をついたときなどによく起こる骨折だが、近年はスノーボード中の転倒によるものも増加している。その他、コンタクトスポーツや跳躍競技の転倒時などに起こることもある。

骨折部が内反肘（P.43参照）などの変形治癒をしてしまうと、関節が変形して後遺症が残ることがあるので、できるだけ元通りの形に整復することが大切。

顆上骨折の多くは、骨折時に骨が後方に転位する。内顆骨折や外顆骨折は前腕の筋肉に引かれてさまざまな転位が起こることが多い。

これらの転位は3段階に分類され、転位が大きいほど合併損傷が起こりやすく、重症となる。

合併損傷としては、正中神経、橈骨神経、尺骨神経などの神経障害や、動脈を圧迫することで起こる循環障害などがある。

上腕骨顆上骨折（右腕）

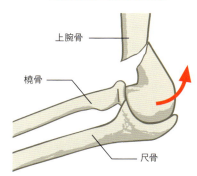

上腕骨
橈骨
尺骨

上腕骨内顆骨折（右腕掌側）

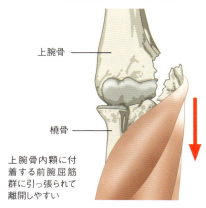

上腕骨
橈骨

上腕骨内顆に付着する前腕屈筋群に引っ張られて離開しやすい

上腕骨外顆骨折（右腕甲側）

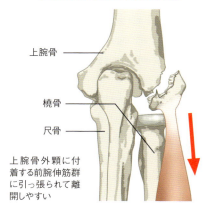

上腕骨
橈骨
尺骨

上腕骨外顆に付着する前腕伸筋群に引っ張られて離開しやすい

上腕骨と筋肉の付着部（右腕）

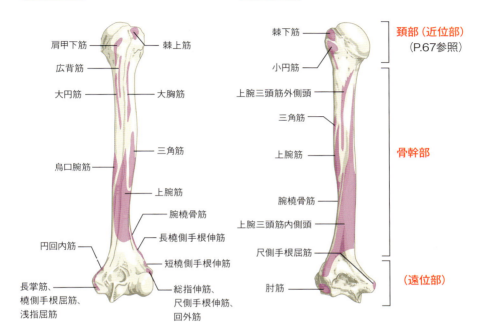

② 上腕骨骨幹部骨折

　転落などで直接に上腕の中央部に強い力（直達外力）が加わって発生することが多い骨折で、比較的若者に発生が多い骨折。直達外力で起こった骨折の多くは横骨折で、さらに大きな骨折の場合は粉砕骨折となる。

　その他、腕相撲や投球動作、転倒時に手をつくなど、ひねりの力が加わって起きた骨折では、らせん骨折や斜骨折になる。

　受傷後は、上腕部での疼痛、変形、不安定性が出現する。骨折した部分の骨が皮膚を突き破る開放骨折になることもある。また、指先がつめたい、血色が悪いなどの症状があれば血管損傷なども考えられる。手や指のしびれ、手関節や指が動かしにくいなどの症状があれば、神経損傷の疑いがある。

　骨折面が狭い横骨折が起きた場合、偽関節や遷延治癒になる恐れがあるので注意が必要。また、骨折の際の骨片や骨欠損、開放骨折などでも、骨が癒合しにくく治癒が遅れることが多く見られる。

　横骨折の場合、早急に整復を行ない固定する必要があるため、応急処置として、ひじを90度に曲げた状態で、上腕から手まで副木固定を行なうことが大切。

肘関節の靭帯損傷

　肘関節には幾つかの靭帯があるが、中でも、内側側副靭帯（肘尺側側副靭帯）を損傷するケースが大部分を占める。

　肘関節の靭帯損傷は、野球の投球動作をはじめとするスポーツ障害が多く、発育期に多く発症するのがその特徴的といえる。

　その原因の多くはオーバーユースによって過度の負荷が蓄積するもので、原則的に保存療法を行なうが、まれに手術治療を必要とするケースもある。

● 肘関節尺側側副靭帯損傷（内側側副靭帯損傷）

　ひじを外反させる強い力が加わる、ひじを伸ばして転倒、アームレスリング、柔道の固め技、腕をひねることなどで起こる傷害。

　その他、野球の投球動作、陸上の槍投げ、柔道の投げ技など、くり返しストレスが加わることでも発症する。

　尺側側副靭帯は、前束、横断束（中間束）、後束の3つの部位に分類されるが、前腕が引っ張られたときに、もっともストレスがかかりやすい前束を損傷するケースが多くなる。

　ストレスのくり返しによって、ひじの内側に痛みが続く場合、痛みが生じたときにR.I.C.E.処置（P.22参照）を行ない、しばらくしてから痛みを生じる動作を見ることが大切。衝撃を受けたときに靭帯損傷に加えて、関節の脱臼を併発している場合があるので注意が必要。

　適切に治療しておかないことで、ひじの可動域の低下、尺骨神経障害などを起こすことがあるので注意しよう。

尺側側副靭帯（左腕）

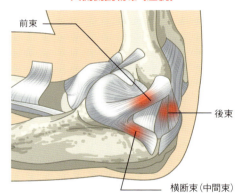

前束 / 後束 / 横断束（中間束）

● 上腕骨内側上顆炎（ゴルフひじ）

　前腕屈筋群や腱に過度のストレスがかかることで生じることが多い「使いすぎ症候群」の代表とも言える傷害。

　典型的な例としては、テニスのフォアハンドやゴルフスイングで利き腕のひじの内側に痛みが起こるなど。その他、ひじの曲げ伸ばしをくり返す職業などで起こるケースもある。

　おもな原因は、かかる負荷に対しての筋力の不足、運動前のストレッチ不足、ラケットやクラブの不適切なスウィング（フォームの乱れ）、筋肉の酷使（オーバーワーク）となる。まれに女性ホルモンの影響で起こるケースもある。

● 肘関節尺側側副靱帯損傷（外側側副靱帯損傷）

ひじを内反させる強い外力がかかったり、腕をひねった場合にひじの外側に疼痛を生じ、時間が経ってから、ひじの外側に圧痛、引っかかり感や不安定感が現れる。小児の場合、肘関節外側（上腕骨外側上顆）の剥離骨折に伴って起こることもある。

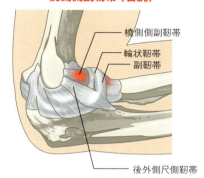

橈側側副靱帯（右腕）

- 橈側側副靱帯
- 輪状靱帯
- 副靱帯
- 後外側尺側靱帯

● 上腕骨外側上顆炎（テニスひじ）

テニスのバックハンドストロークやパソコンのマウスを長時間使用など、手首を背屈させる回内動作をくり返すことで、ひじに負担がかかって発症する。

手関節を背屈（後ろに反らせる）する筋肉と上腕骨との接合部（前腕の伸筋腱）の炎症、筋肉の線維の部分的断裂、および筋肉の使い過ぎによる疲労などが原因でひじの外側に疼痛を生じる。ひじに負担をかけ続けることで、ドアのノブを回す動作、タオルを絞る動作などで同様の痛みを生じるようになる。

前腕伸筋腱と上腕骨の付着部は、体の他の部位に比べて血液供給が乏しいため、回復が遅れやすく、年齢が高い程回復が遅くなるので早期に治療することが大切。

肘関節の離断性骨軟骨炎

離断性骨軟骨炎とは、肘関節、股関節、膝関節などに好発する傷害で、一部の野球ひじやテニスひじはこれに含まれるケースもある。

無腐性壊死を起こした骨軟骨片が関節面から遊離して関節遊離体となると、関節炎を引き起こしたり、場合によっては関節面間に嵌頓することで疼痛や関節運動障害、陳旧性のものは変形性関節症に移行することもある。

● 肘関節遊離体（関節ネズミ）

関節遊離体は生体組織由来の関節腔内遊離体の総称で、関節ネズミの呼び名で知られる。

遊離体は米粒状で中心部に石灰沈着や骨化を生じることがある。野球ひじ、ゴルフひじ、テニスひじなどが進行した場合、体操選手などにも起こりやすい傷害。

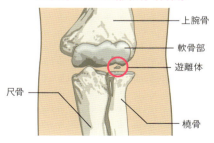

上腕骨からの遊離軟骨（右腕）

- 上腕骨
- 軟骨部
- 遊離体
- 尺骨
- 橈骨

61

PART2　腕部や上肢に起こりやすいスポーツ傷害

子どもや成長期に起こるひじの傷害

成長期の子どもの骨には、骨の端に成長軟骨があり、X線写真でこの部分が細い隙間に見えることから「骨端線」と呼ばれる。その成長軟骨部分に強い外力が加わったり、そこに付着する筋肉によって強く引かれることで、骨端線を損傷する。

骨端線付近の骨折や離開を生じると、その後の骨の成長が阻害され、健康側と比較して短くなったり、関節の近くの骨折のため関節に変形が生じることもある。

● 肘頭骨端線離開

おもに中高校生の野球部員に生じる傷害。投球動作に肘頭部に圧痛を認めるのが特徴。

肘頭の骨端線にくり返し加わる牽引ストレスにより、同部の離開・癒合不全を生じる。

肘頭の骨折例（右ひじ）

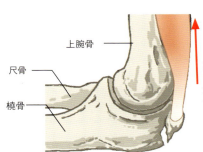

筋肉に引っ張られる力で骨端線より先の成長軟骨部分がはがれる

上腕の筋肉に起こる傷害

上腕部の筋肉は、ストレスのかかる動作をくり返すことで炎症を起こす。なかでも、野球の投球動作、テニスのサーブやスマッシュ、バレーボールのアタックなど、腕を上から振り下ろす動作で負荷が高くなる。炎症が起こりやすい部位としては、骨との付着部分や腱の部分となる。

● 上腕二頭筋腱断裂

上腕二頭筋の腱は橈骨、長頭腱は上腕骨の前を通り肩甲骨の関節部、短頭は肩甲骨の烏口突起にそれぞれ付着している。上腕二頭筋長頭腱は、上腕骨の結節間溝で腕を上げるときに上腕骨を押さえる支点となるので、ストレスがかかって腱が弱くなったり、傷つくことで断裂が起こる。

ひじを伸ばしたときや後ろに手を回したときにひじが痛む。投球動作や安静時に肩前面に疼痛が出るなどの症状が出る。通常、肩の痛みの肩関節を構成する腱板の炎症や損傷がほとんどだが、上腕二頭筋長頭腱の断裂が原因で生じる場合もある。

ひじを曲げて、手のひらを上に向けた状態で強い負荷がかかることで肩関節付近で腱が断裂する。

腱付着部で断裂した場合、骨との連続性がなくなり、筋力が低下する。

筋断裂と長頭腱炎の起こる部位（右腕前面）

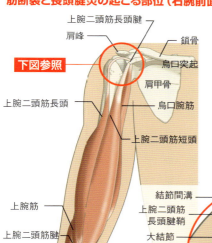

● 上腕二頭筋長頭腱炎

上腕二頭筋長頭腱は、つねに上腕骨頭から圧迫を受けているため、投球動作、テニスのスマッシュ、バレーのアタックなどの動作をくり返すことで炎症が起こる。運動前のストレッチ不足、筋肉の酷使が原因で起こることが多く見られる。

肩関節前面の疼痛、上腕部から前腕部にかけての放散痛。腕を外側から上げる、腕を外側にねじる、ひじを曲げる、物を持って腕を挙上するときの運動痛や結節間溝部の圧痛。夜間に痛みが増すこともある。

● 上腕三頭筋腱炎

筋肉の使い過ぎや挫傷などによって、上腕三頭筋付着部がひじ付近で炎症を起こす傷害。野球のオーバースローなど腕を縦に振る動作を行なうスポーツ選手など、肘頭の筋付着部が何度も引っ張られることで微小の損傷が起こり、腕や手首を伸ばすときの関節痛などが生じる。

一方、肩関節に付着している部分での炎症や骨損傷は「ベネット骨棘（P.74参照）」と呼ばれる。

上腕三頭筋と周辺組織（右腕背面）

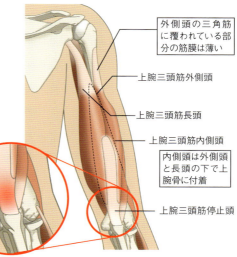

上腕三頭筋腱炎
腱組織が微小に損傷して、傷ついた部分に炎症が起こる

63

肘部管症候群などの神経の傷害

手の指先の運動や感覚を司る尺骨神経に傷害が生じるのが肘部管症候群。尺骨神経は上腕からひじの内側（尺側）を通って、前腕、指先にまで至る。

とくにひじ部分では体表近くを通るため、野球や柔道などでひじを長時間酷使したり、幼少期の骨折、外傷、ガングリオンと呼ばれる腫瘤などが原因で発症することが多い。

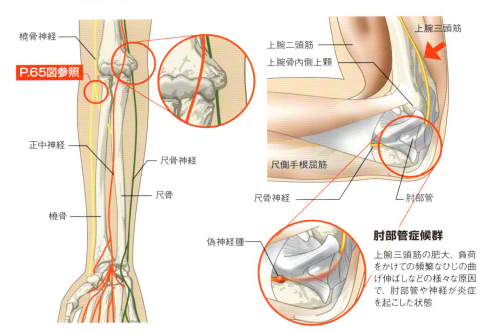

腕部の神経（右腕）
- 橈骨神経
- P.65図参照
- 正中神経
- 尺骨神経
- 尺骨
- 橈骨

上腕三頭筋と尺骨神経（右腕）
- 上腕三頭筋
- 上腕二頭筋
- 上腕骨内側上顆
- 尺側手根屈筋
- 尺骨神経
- 肘部管
- 偽神経腫

肘部管症候群
上腕三頭筋の肥大、負荷をかけての頻繁なひじの曲げ伸ばしなどの様々な原因で、肘部管や神経が炎症を起こした状態

● 尺骨神経障害

尺骨神経はひじの皮膚表面近く（尺骨の突起部）を通っているため、くり返しひじをついたり、長時間ひじを曲げていたり、その部位に骨増殖、上腕三頭筋の肥大などが原因で、尺骨神経が引き伸ばされて損傷したり、炎症を起こす。

野球の投球動作やラケットスポーツ、ゴルフクラブなどを持って反復動作を行なう人に多く見られる。

激しい運動後のひじ内側の違和感や疼痛にはじまり、放置することで痛みが増し、前腕から薬指や小指にかけてのしびれ、握力の低下などを引き起こす。慢性化すると神経機能が停止し、前腕、手関節、手の機能障害、筋肉萎縮、かぎ爪などを引き起こすこともある。

● 橈骨管症候群（後骨間神経症候群）

　前腕、腕の後ろ側、ひじを走る橈骨神経の分枝が圧迫されて起こる傷害。前腕上部や手の甲に疼痛、手首や指を伸展させると痛みが生じる。圧迫の原因には、外傷、周囲の滑液包や筋肉の炎症、前腕の回旋運動のくり返し、肘関節前面の腫瘤や筋膜などが挙げられる。

回外筋と橈骨神経（右腕）

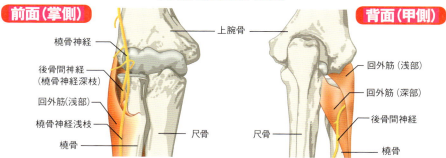

● 前骨間神経麻痺

　前骨間神経は肘付近で正中神経から分岐し、おもに親指と人差し指を曲げる動きに関連している。

　最初に腕やひじの痛みを感じ、その後、親指と人差し指の第一関節の運動麻痺が生じる。神経障害は起こらないが、まれに正中神経支配の他の筋の筋力低下や軽度の知覚障害を生じる場合もある。その原因は不明とされている。

手やひじの骨の変形・その他の傷害

　過去のケガの影響や腕を酷使し続けることで、骨や軟骨が変形し新たな傷害を引き起こすことがある。その他、筋肉のつき方などでも周辺組織に影響を及ぼすこともある。

● 尺骨突き上げ症候群

　尺骨が橈骨より長くなり、痛みを生じる傷害。手関節を小指側へ動かすことが多い人に発生する。通常、橈骨と尺骨は、手首において同じくらいの高さだが、生まれつきもしくは橈骨骨折後の変形により尺骨が高いと起こりやすくなる。その他、長年の使いすぎにより、骨の変形が起こり生じる場合もある。

　手首を小指側に動かす動作（尺屈）をくり返すと、尺骨と手根骨がぶつかり、骨の表面を覆う軟骨を痛めたり、関節が炎症を起こすことで痛みを生じる。

尺骨が高くなった状態（右腕）

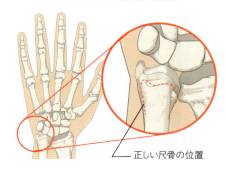

PART2 腕部や上肢に起こりやすいスポーツ傷害

● 変形性肘関節症

長年の使用やひじへの負担のくり返しによって、軟骨がすり減ったり、骨の変形が生じたりする傷害。原因不明の変形性肘関節症と、何らかの原因で生じる二次性の変形性肘関節症がある。二次性の原因には骨折、脱臼などの外傷、野球などのひじを酷使するスポーツによって生じるものがある。

スポーツなどでひじを酷使したときの関節の痛み、変形が進行するとひじ内側で尺骨神経の圧迫による麻痺を生じ、手の力が入りにくくなったり、小指と薬指にしびれが生じることがある。

肘関節の変形例（右腕）

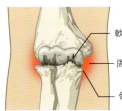

- 軟骨の摩耗や損傷
- 周辺組織の炎症
- 骨棘の形成

● コンパートメント症候群（筋区画症候群）

前腕には屈筋群、伸筋群、橈側伸筋群の3つのコンパートメント（筋区画）があり、何らかの原因で筋区画内の圧力が高まると、血管が圧迫されて循環障害が発生、筋や神経の機能障害が起こる。

急性型は打撲、骨折、脱臼などで起こり、筋や神経の組織が壊死して重大な障害を残すことがある。慢性型はトレーニングによる筋肥大や筋膜の肥厚などが原因となる。

疼痛、蒼白、脈拍消失、感覚異常、麻痺などの阻血症状が現れたときは、包帯やギプスなどの固定具を速やかに外すことが大切。また、外傷が発生した場合のRICE処置（P.22参照）では圧迫と挙上は行なわないようにしよう。

前浅層筋群（右手前面浅部）

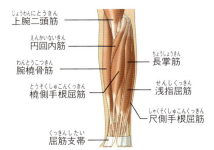

後浅層筋群（右手背面浅部）

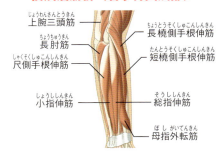

● 肘頭滑液包炎

肘頭後部には、滑液包があり関節の運動による皮膚の移動を容易にしている。この滑液包に摩擦や圧迫刺激がくり返し加わることで、滑膜炎が起こり、滑液の増加とともにひじの後方に無痛の腫れ、水が溜まる、ひじの痛みなどを生じる。感染などで起こることもある。

滑液包を覆う皮膚に傷がつくと感染が起こり、化膿性滑液包炎になるので注意が必要。

上腕骨近位端の骨折

上腕骨近位端骨折は強い外力が加わることで生じることが多く、子どもの場合は骨端線の離開を伴うこともある。肩関節は、非常に柔軟性を失いやすい関節（拘縮）なので、手術の有無を問わず骨折部が安定した時点で、早期に可動域訓練を開始することが大切。

● 上腕骨近位端骨折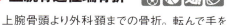

上腕骨頭より外科頚までの骨折。転んで手を伸ばしてついたり、肩に大きな衝撃を受けたときなどに多く見られる。

成長期の場合は成長軟骨辺りでの骨折（P.67「上腕骨近位若木骨折」参照）や骨端線部分の骨折（P.68「上腕骨近位骨端線離開」参照）などが多く見られる。

上腕骨頚部骨折時の転位例 (右腕)

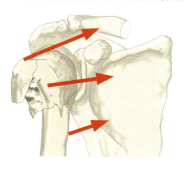

上腕骨頚部骨折の種類 (右腕)

正常　　　1部位　　　2部位　　　3部位

● 上腕骨近位若木骨折

成長期の子どもの上腕骨外科頚の骨端軟骨に起こる骨折。転倒時に腕を伸ばしてついたり、ひじをついたときに起こりやすい。竹節状に押しつぶされた形態に変形する。通常、成長軟骨や骨の完全な離断がないため、比較的経過も良好で、後遺症の心配も少ない。ただし、レントゲン上で判断しにくい場合もあり、再検査で判明することもある。

上腕骨外科頚の若木骨折(右腕)

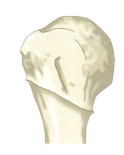

PART2 腕部や上肢に起こりやすいスポーツ傷害

● 上腕骨近位骨端線離開

　成長軟骨層のある骨端軟骨に骨折を生じ骨の離断が起こる成長軟骨の骨折。スポーツなどによる疲労性の場合と外傷性の場合がある。
　疲労性のものは野球の投手に多く見られるため「リトルリーグ肩」とも呼ばれる。スポーツによる疲労骨折では、成長軟骨でも骨増殖の旺盛な変性軟骨細胞層に起こることが多く、この部位では骨の成長に支障がないため成長障害の心配はほとんどないと言える。腕を上に回したときの運動痛、肩の外側のくびれた辺りの圧痛などの症状が起こる。
　転倒などの外傷性の場合、関節包内の骨折では上腕骨頭の無腐性壊死や上腕骨の成長障害を引き起こすことがある。
　骨増殖をしなくなった増殖性軟骨細胞層を損傷した場合、骨端線が閉鎖して上腕骨の成長が止まってしまうこともあるので、治療期間中の定期的な検査や経過観察が大切。

骨端線の離開

正常な骨端　　軽度　　　　　　　　　　　重度
骨端線

鎖骨と肩甲骨の骨折

　鎖骨骨折はスポーツ外傷では頻度が高く、肩からの転倒、ひじからの転倒、直接的な打撃を受けることで起こる。ほとんどは鎖骨の中ほどで起こり、鎖骨と肩甲骨をつなぐ靱帯断裂を伴うことも多い。肩甲骨骨折は比較的まれな外傷で骨癒合も良好だが、肩峰骨折で転位のある場合は偽関節や変形癒合により肩峰下インピンジメント（P.73参照）を生じることもある。

● 鎖骨骨折

　鎖骨の骨折は全骨折の中でもっとも頻度が高く、全骨折の10〜15％を占め、若年者に多く見られる。転倒やラグビーなどのコンタクトスポーツで強打することで内方向への力がかかり、鎖骨骨幹部が80％、遠位端（外側）1／3が15％程度とされている。
　骨折側の肩幅が狭くなり、変形、腫脹、圧痛などの症状が現れる。疼痛で肩関節は動かせないが、ひじや指の運動は可能。

鎖骨骨幹部骨折（右肩）

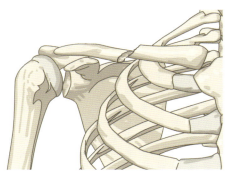

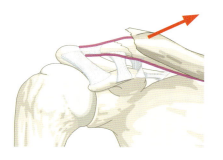
鎖骨遠位端骨折（右肩）

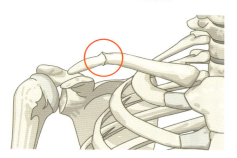
鎖骨若木屈曲骨折（右肩）

● 肩甲骨・骨折

肩甲骨から地面に叩きつけられたり、強い衝撃を肩甲骨に受けるなど、肩甲骨に直接外力が加わることで起こることが多く見られる。

骨折部位により①体部骨折、②頸部骨折、③関節窩骨折、④肩甲棘骨折、⑤肩峰骨折、⑥烏口突起骨折などに分類される。

体部骨折はコンタクトスポーツで起こることが多く、横骨折、縦骨折、粉砕骨折に分けられるが、中でも横骨折が多く発生する。直接、肩甲骨に衝撃を受けた場合は、肋骨の骨折を合併することが多く見られる。

受傷直後は、骨折部の疼痛や圧痛、運動痛、腫脹、軋轢音、運動障害、呼吸時に痛みが増すなどの症状が現れる。

肩甲骨は大きな骨だが、骨としては薄いので比較的骨折しやすい部位とも言える。

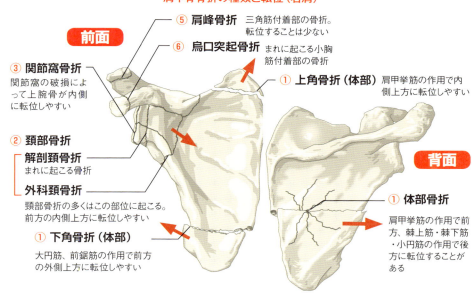
肩甲骨骨折の種類と転位（右肩）

前面

⑤ 肩峰骨折 — 三角筋付着部の骨折。転位することは少ない
⑥ 烏口突起骨折 — まれに起こる小胸筋付着部の骨折
③ 関節窩骨折 — 関節窩の破損によって上腕骨が内側に転位しやすい
② 頸部骨折
　解剖頸骨折 — まれに起こる骨折
　外科頸骨折 — 頸部骨折の多くはこの部位に起こる。前方の内側上方に転位しやすい
① 下角骨折（体部） — 大円筋、前鋸筋の作用で前方の外側上方に転位しやすい
① 上角骨折（体部） — 肩甲挙筋の作用で内側上方に転位しやすい

背面

① 体部骨折 — 肩甲挙筋の作用で前方、棘上筋・棘下筋・小円筋の作用で後方に転位することがある

PART2　腕部や上肢に起こりやすいスポーツ傷害

肩まわりの関節の脱臼や脱臼に伴う傷害

柔道・ラグビーなどのコンタクトスポーツや転倒などで肩の外側を強く打ちつけることで、肩甲骨の関節窩という受け皿型の軟骨から、ボール型の上腕骨頭という軟骨で肩関節の脱臼が起こる。関節のズレの程度や方向によって、ねん挫、亜脱臼、脱臼に分類される。

● 肩関節ねん挫／亜脱臼／脱臼

関節の中でもっとも脱臼しやすいのが肩関節。転倒、柔道やラグビーなどのスポーツなどで多く見られる傷害。

肩の打撲後に上腕骨頭が肩甲骨の関節窩からズレる。肩関節は関節窩が平らに近いので比較的容易に脱臼し、脱臼がクセになりやすいのが特徴。

外傷性の脱臼の約90％は、転倒して手をつき、肩関節を無理な姿勢で伸ばされ、上腕骨頭が前方に脱臼する「前方脱臼」となる。

まれに、体の前方に腕をつっ張って転んだときや肩の前方を強打したときに「後方脱臼」、腕を横方向から上に無理に動かされたときに「下方脱臼」などが起こることもある。

若年層ほど反復性脱臼に移行しやすく、20歳以下の80％以上が反復性に移行すると考えられる。

さらに、若年層の場合は関節包が肩甲骨側から剥離したり、年輩者の場合は関節を包む筋肉が上腕骨頭の付着部（腱板）で断裂するなどのケースも見られる。

また、一度外れて簡単に戻る「亜脱臼」や、腕全体が数分間しびれる「デッドアーム症候群」があるが、本質的には脱臼と同じ損傷と言える。

しばしば、上腕骨頭の結節の骨折を伴うこともある。

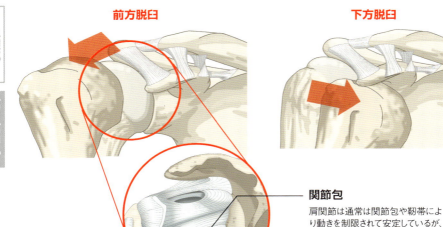

前方脱臼　　　　　　　　　　　**下方脱臼**

関節包
肩関節は通常は関節包や靭帯により動きを制限されて安定しているが、強い外力が加わり関節を脱臼すると、これらが骨から剥離したり断裂してしまう

● 肩鎖関節ねん挫／亜脱臼／脱臼

肩を強く打ちつけたときなどに肩鎖関節の脱臼が起こる。肩鎖関節の靭帯や筋肉が傷み関節のズレの程度や方向によりねん挫、亜脱臼、脱臼の6タイプに分類される。安静時の疼痛、圧痛、運動痛、患部の腫張を生じ、上方脱臼では鎖骨遠位端が突出する。

肩の打撲後に起きた肩鎖関節のゆるみを放置することで、腕を上下に動かしたときに鎖骨の端が不安定になる亜脱臼（肩鎖関節ねん挫）を起こすこともある。

ねん挫、亜脱臼、脱臼の6つのタイプと靭帯の損傷部位

I型　ねん挫
肩鎖靭帯の部分的な損傷。烏口鎖骨靭帯、三角筋・僧帽筋は正常で異常がない状態。

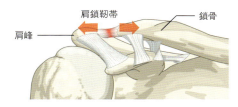

III型　上方脱臼
肩鎖靭帯と烏口鎖骨靭帯が完全に断裂。三角筋や僧帽筋が鎖骨の端からズレていることが多く、鎖骨遠位端が上にズレた状態。

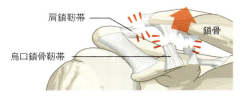

V型　高度脱臼
損傷程度の大きなIII型。三角筋と僧帽筋は鎖骨外側1/3よりズレた状態。

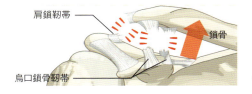

II型　亜脱臼
肩鎖靭帯が完全に断裂、烏口鎖骨靭帯の部分損傷。三角筋や僧帽筋は正常。関節の隙間が拡大し鎖骨の端がやや上にズレた状態。

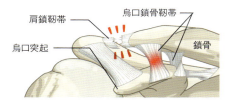

VI型　下方脱臼
鎖骨遠位端が下にズレた状態。非常にまれに見られる脱臼。

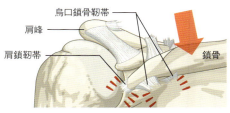

IV型　後方脱臼
肩鎖靭帯と烏口鎖骨靭帯が完全に断裂。鎖骨遠位端が後方にズレた状態。

● 肩関節亜脱臼障害

　脱臼に至らないが、関節の適合がなくなった状態を亜脱臼と呼ぶ。肩関節はもともと骨の適合が少ないため、脱臼癖のある人などは亜脱臼状態を起こしても、自分で動かしているうちに整復されたり、脱臼に気づかず自然に整復されることもある。

　立位で肩甲上腕関節の肩甲骨と上腕骨の間がゆるくなり、腕の重みで上腕骨が下にズレる。腕を前に上げて、内側にねじると後方に脱臼するものを「後方亜脱臼」と呼ぶ。

　多くの場合、肩関節内の軟骨、腱、靭帯、関節包などの損傷が原因となっている。しかし、肩関節は複雑な動きを可能にするため、複数の筋肉が何層にもなって構成されているので損傷部位を特定することは非常に難しい。

　その他、脳障害や頚椎疾患などで肩関節周囲の筋力低下で起こる場合もある。

腕の重みを支える肩まわりの筋肉（右肩）

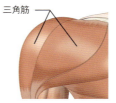
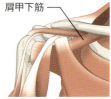

三角筋　　　肩甲下筋

表層　　　深層

● 肩関節不安定症

　肩関節の安定感が無く、関節がゆるんだ状態。関節をつなぎ止める靭帯などがゆるく、関節包がゆるく伸びているため、重りを持ってレントゲンを撮ると上腕骨が下がって写る。

　疾患があっても症状が出ない場合もあるが、運動時の腕の痛みや肩のだるさ、関節の不安定感、特定の腕の角度で力が入らないなどの症状が現れ、それが不安定感や脱臼感となる。

　脱臼などの外傷経験がないにもかかわらず生じた「非外傷性不安定症」の場合、上腕骨頭を引き寄せる筋肉の筋力低下、野球の投球動作などをくり返すことで、徐々に生じることもある。

　外傷によって前方脱臼が起こると、脱臼が癖になって、何度も脱臼をくり返す状態になることが多く、「反復性肩関節前方脱臼（外傷性肩関節前方不安定症）」と呼ばれている。最初の脱臼で関節包や関節唇が肩甲骨から剥離したことで起こることが多く、反復性の前方脱臼では脱臼する経路ができているため、筋力補強だけでは足りない場合は手術が必要となる。

　若年層ほど反復性になりやすく、20歳以下の全脱臼者の8割以上と言われている。

肩関節を安定させる靭帯と関節窩（右肩）

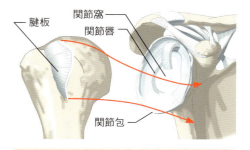

腱板　関節窩　関節唇　関節包

肩甲下筋は、上腕骨の骨頭付近の前側から肩甲骨の内側につながっている。その上腕骨の付着部付近の腱を「腱板」と呼び、上腕骨が前方に外れないように固定する役割を果たしている

肩のインピンジメント症候群、腱、軟骨、靭帯、神経の傷害

インピンジメント症候群とは、腕を上げていくとき、ある角度で痛みや引っかかりを感じ、それ以上に挙上できなくなる症状の総称。悪化すると、こわばりや筋力低下などを伴い、夜間痛を訴えることもある。腕が60〜120度あたりに来たときに強い痛みを感じることが多く見られる。

● 腱板炎／腱板損傷

上腕骨頭と肩峰との間で腱板が挟まれることで、腱板が損傷し、浮腫、炎症、部分断裂、完全断裂の順に、段階的に病状が進行する傷害。

おもな原因としては、肩の使い過ぎによる慢性疲労や筋力のバランスの乱れで生じると考えられている。

通常、腱板は回旋筋腱板（ローテーターカフ）と呼ばれ、肩に挟まることで痛みを起こすが、それ以外にも上腕二頭筋などに起こることもある。

痛みや症状は、五十肩に似ている部分が多く見られ、突発的に痛めるというよりも、徐々に傷みが発症することが多いため、症状としてはきっかけなく肩に違和感が現れ、徐々に肩を上げたときの痛みが悪化する。

腕を60〜120度の範囲に上げた姿勢で、もっとも腱板が圧迫されるため、肩を上げた姿勢での動作、野球などの投球動作、バドミントンなどの肩を酷使するスポーツなどで徐々に痛みを生じるようになる。

それ以外に、肩を上げていなくても長時間同じ姿勢を続けることが多い人、重い物を持ち上げることが多い人、加齢などの原因で起こる場合もある。

レントゲンでは判明できないため、通常、MRIで発症がわかる。

肩甲骨の動きに関わる筋肉（右肩）

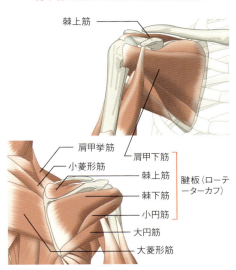

肩関節断面（右肩）

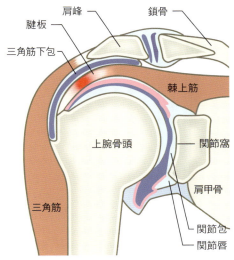

PART2 腕部や上肢に起こりやすいスポーツ傷害

● ベネット骨棘

肩甲骨関節窩下方のやや後ろ側に骨棘ができる傷害。肩甲骨の後方外側の部分に痛み、投球動作などで肩後方が痛むなどの症状が現れる。

この部分は上腕三頭筋の腱が肩甲骨に付着する部分で、投球動作など腕を前に振り出す動作で、付着部がくり返し引っ張られることで骨棘が形成される。痛みを生じない場合は問題ないが、長期間痛みを伴う場合は骨棘を除去する必要がある。

予防としては、上腕三頭筋の疲労をなくし、柔軟性を高めたり、筋力を強化することで、腱付着部への負担を減らすことが大切。

肩甲骨に形成される骨棘

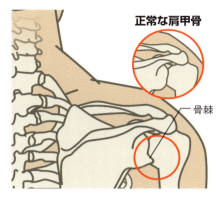

正常な肩甲骨 / 骨棘

● SLAP損傷（肩関節窩上関節唇複合損傷／二頭筋長頭腱障害）

関節唇の損傷（右肩）

投球動作、テニスのサーブ、バレーのスパイクなど、腕を振り切る動作で発症する関節の受け皿の損傷。

肩関節内の上腕二頭筋長頭腱と肩甲骨関節窩の上部の関節唇と付着部が投球動作などのストレスによって引っ張られ、関節唇とともに骨からはがれることで、上腕の放散痛、肩の痛みやクリックなどを生じる。手のひらを下に向けた状態で腕を伸ばして上から押さえると患部が痛むなどの症状が現れる。

各種検査でも正確な診断は困難なことが多く、関節鏡による確認が必要になることもある。

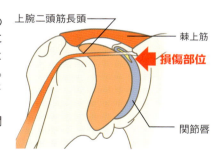

上腕二頭筋長頭 / 棘上筋 / 損傷部位 / 関節唇

● 肩甲上神経障害

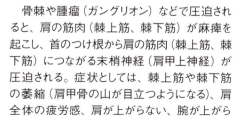

骨棘や腫瘤（ガングリオン）などで圧迫されると、肩の筋肉（棘上筋、棘下筋）が麻痺を起こし、首のつけ根から肩の筋肉（棘上筋、棘下筋）につながる末梢神経（肩甲上神経）が圧迫される。症状としては、棘上筋や棘下筋の萎縮（肩甲骨の山が目立つようになる）、肩全体の疲労感、肩が上がらない、腕が上がらない、肩まわりのしびれや違和感などが現れる。症状が頸椎疾患と似ているため、見逃されることが多い疾患。

投球動作、テニスやバドミントンのサーブやスマッシュ、バレーのスパイク、水泳のリカバリー動作などの肩甲骨の動きにより発症することも多く見られる。

● 腕神経叢損傷

腕神経叢は、頸椎を出た神経根が鎖骨第1肋骨間とわきの下を通り、最終的に腕の正中・尺骨・橈骨・筋皮神経に分岐する。激しい転倒で肩と側頭部を打ちつけたり、腕を巻き込まれて強い外力によって腕を引かれることで腕神経叢が引き伸ばされて損傷する。また、鎖骨上窩の刺し傷や切り傷、鎖骨骨折の骨片や肩関節の脱臼などでも損傷する。

神経根が脊髄から引き抜かれる引き抜き損傷、神経幹から神経束のレベルで引き伸ばされる有連続性損傷、断裂など、損傷部位や損傷程度によって、運動麻痺、感覚障害や自律神経障害の程度は異なる。損傷範囲が上位の場合、肩の挙上、ひじの屈曲が不可能となり、肩の回旋、前腕の回外力が低下、上腕近位と前腕の外側の感覚障害が起こる。下位の場合、手首と指の運動障害、前腕や手の尺側の感覚障害が起こる。すべての場合は上肢全体の運動障害と感覚障害。引き抜き損傷の場合、眼瞼下垂、眼裂狭小、瞳孔縮小などが起こる。

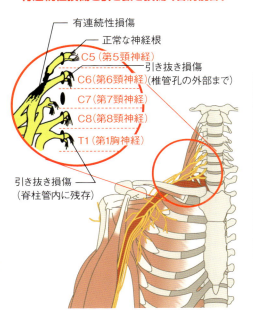

有連続性損傷と引き抜き損傷（右肩前部）

- 有連続性損傷
- 正常な神経根
- C5（第5頸神経）
- 引き抜き損傷
- C6（第6頸神経）（椎管孔の外部まで）
- C7（第7頸神経）
- C8（第8頸神経）
- T1（第1胸神経）
- 引き抜き損傷（脊柱管内に残存）

● 腋窩神経障害

交通事故などで腕が引っ張られての肩関節脱臼や上腕骨頸部骨折に合併することが多い傷害。また、野球の投球動作やバレーボールなどのスポーツで発症する場合もある。

腋窩神経は、肩甲下筋の前面を下行し、肩関節包の下（上腕骨外科頸の内側、上腕三頭筋長頭の外側と小円筋上縁の隙間）を通って後方に出ている。上腕の外転により腋窩神経は関節の下面に押しつけられ、さらに外旋を加えることで神経の圧迫が増して生じる。スポーツが原因の場合、利き腕に起こることが多い。

腕神経叢麻痺、腱板断裂、肩甲上神経麻痺などと似ているため、MMTやMRIなどの検査が必要となる。

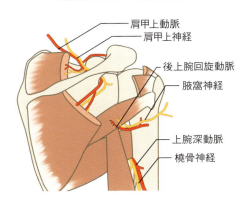

肩関節の神経（右肩背部）

- 肩甲上動脈
- 肩甲上神経
- 後上腕回旋動脈
- 腋窩神経
- 上腕深動脈
- 橈骨神経

Column ❶

万が一のケガに備えてメディカルバッグに入れておきたい応急処置グッズ

ケガが起きたときの応急処置のために、アイシング用具やテーピング関連の用具を備えておくことが大切です。

氷が準備できない場合などに備えて、その場で使える瞬間冷却パッド、それらを固定するためのラップやバンデージ、サポーターなども準備しておくと便利です。

また、患部を固定するためのテーピングも準備しておくことが大切です。テーピングは使用する部位や目的によって巻き方が異なります。

ケガを予防するためのテーピング、受傷後に患部を固定するためのテーピング、痛みの出ない範囲に可動域を限定するためのテーピングなどによって、巻き方や使用するテープが異なる場合もあります。

通常は、患部を安定して誰かに巻いてもらうのが理想ですが、トレーナーだけでなく、選手自身も巻き方をおぼえておくといいでしょう。

コンタクトスポーツの場合、患部の周囲を圧迫するためのウレタンパッドなども準備しておくといいでしょう。

学生スポーツの場合、メディカルバッグの中にウレタンパッドを準備していないことも多いようですが、チャーリーホース（P.107参照）など、内出血の伴う打撲の場合、内出血の範囲が広がるのを抑制することで症状の悪化を大幅に防ぐことができます。

おもなテーピング関連用具とその用途

①ホワイトテープ…伸縮性のないテープで、患部を固定するために使用する。最近は白に限らずカラーのものも多く見られる。使用する部位や固定する方向によって巻き方が異なる。

②伸縮テープ…多少の可動域を保ちながら患部を固定するときに使用する。ホワイトテープと併用することでさまざまなニーズに対応できるようになる。

③キネシオテープ…別名「人工筋肉テープ」とも呼ばれる。実際の筋肉の繊維に近い伸縮性を持ったテープで、筋肉の曲げ伸ばしで痛みを生じる場合に筋肉をサポートする用途で使用される。

③アンダーラップ…テーピングの粘着力から肌を守るために使用する。

④バンデージ…アイシンググッズを固定したり、患部を圧迫するときに使用する。

⑤ウレタンパッド…内出血の範囲を広げないために適当な大きさに切り抜いて患部の周囲を圧迫する。使用するパッドの厚みで圧迫の強さを調整する。

Part 3

下半身に起こりやすいスポーツ傷害

PART3　下半身に起こりやすいスポーツ傷害

つねに自重を支える下半身は傷害が起こりやすく治りにくい

スポーツの強度が上がるにつれて、下半身にかかる負荷も大きくなり、ケガのリスクも高くなる。つねに自重がかかる部位だけに治りにくいのも事実。

　下半身（下肢）は、つねに自分の体重を支える重要な働きをしています。スポーツの局面で体を動かすことで、下半身にかかる負荷はさらに大きくなります。

　また、私たち人間が２足歩行を行なうために、下半身の筋肉や関節の動きを連動させ、自分では意識していなくてもつねにバランスをとり続けているのも事実です。

　スポーツの複雑な動きのなかでバランスが乱れ、無意識に立て直そうとしたり、大きな負荷がかかったときに、それを受け止められなくなることで傷害が起こりやすくなります。

　それ以外にも、コンタクトスポーツやアクシデントで、運動中に大きな外力が加わると、自分の体重や運動強度なども相まって大きなケガとなってしまうことも少なくありません。

　傷害が起こった後、日常生活のなかでも下半身はつねに自分の体重を支えなければならないため、治るのに時間がかかる傾向が強くなります。患部の安静や装具を使っての固定期間が長くなると、使われない筋肉の柔軟性が失われ、左右のバランスの乱れが生じます。

　ケガの回復と同時に、左右の筋肉のバランスの乱れなども正していくことがケガの再発の防止や予防にもつながります。

本章で対象となる部位

- 足部（足の甲、足の裏、かかと）
- 足関節（足首）
- 下腿部（すね・ふくらはぎ）
- 膝部（ひざ）
- 大腿部（太もも）
- 股関節まわり

下半身の傷害のおもな原因

① ひねる／関節が過剰に引き伸ばされる（過伸展）

ランニング動作、動作の切り返し、ジャンプの着地の瞬間などに足をひねる方向に大きな力が加わったときに、その強度に耐えられなくなることで、関節をつなぐ腱や靭帯が引き伸ばされて損傷します。とくに足首やひざなどが、正常な可動域を超えて引き伸ばされたときに、腱や靭帯、およびその周辺組織を傷めるケースが多く見られます。さらに大きな力が加わることで骨折や脱臼などを起こすこともあります。

ひざや足首よりも可動範囲が広い股関節は、可動域の個人差がとくに大きい部位です。柔軟性の低い人の場合、関節可動域を超えて伸展されたときに、伸ばされた腱で関節の周辺組織を傷めるケースもあります。

② 過剰な負荷がかかる

関節を可動域の範囲内で使っているときにも、大きな負荷が急激にかかることで「筋断裂」などの傷害が起こることがあります。筋肉の柔軟性が低かったり、栄養の偏りなどがあったり、夏場の水分不足、冬場のウォーミングアップ不足などで起こりやすくなります。

強度の高い運動を行なう前には、競技に必要な関節可動域を確保するために柔軟性や筋温（筋肉の温度）を高めるウォーミングアップをしておくことが大切です。

③ 継続的にかかる負荷からの疲労

毎日の練習や試合など、同じような動作をくり返すことで、特定部位に継続した負荷がかかり、腱や靭帯と骨の付着部がはがれたり（剥離）、骨膜などに炎症が起こります。

それ以外にも、先天的ね原因やケガの変形治癒などの原因で骨の長さや形状に異常があると、骨と筋肉や腱などがこすれて炎症が起こる場合もあります。

④ 大きな外力が加わる

コンタクトスポーツや不慮のアクシデントなどで、大きな衝撃が加わったり、関節が過伸展されることで傷害が起こります。

単なる打撲であれば大事ではありませんが、骨折、脱臼、靭帯の断裂など、大きなケガの場合は、競技復帰まで時間がかかるケースが多くなります。

⑤ その他の原因

他にも、成長期ならでは起こる成長軟骨に負荷がかかることで生じるひざ周辺の傷害も多く見られます。

また、一度、傷めたことで筋肉バランスの乱れが起こりやすく、再発やその周辺部位の傷害が誘発されることが多いのも下半身の傷害の特徴です。

PART3　下半身に起こりやすいスポーツ傷害

スポーツ別 起こりやすい傷害の種類と傾向

野球
　ベースランニングやトレーニング時の足首のねん挫。急激な動作の切り返し時に起こる筋断裂。交錯プレーや自打球などによる打撲や骨折など。

サッカー
　コンタクトプレー時に起こるねん挫、打撲、骨折。急激な動作の切り返し時に起こる足首、ひざ、股関節の傷害や筋断裂や靭帯損傷。累積疲労による靭帯や腱の傷害。競技中の筋けいれんなど。

テニス
　急激な動作の切り返し時に起こる足首、ひざ、股関節の傷害や筋断裂や靭帯損傷。累積疲労による靭帯や腱と骨の付着部の傷害。競技中の筋けいれんなど。

バスケットボール
　コンタクトプレー時に起こる傷害。急激な動作の切り返し時に起こる足首、ひざ、股関節の傷害や筋断裂。ジャンプ動作のくり返しなど累積疲労による傷害。競技中の筋けいれんなど。

バレーボール
　着地時のバランスの乱れや急激な動作の切り返し時に起こる足首、ひざ、股関節の傷害や筋断裂や靭帯損傷。ジャンプ動作のくり返しなど累積疲労による傷害。競技中の筋けいれんなど。

陸上競技
　急激な動作の切り返し時や着地動作時に起こる足首、ひざ、股関節の傷害や筋断裂や靭帯損傷。累積疲労による靭帯や腱と骨の付着部の傷害。競技中の筋けいれんなど。

柔道／レスリング
　コンタクトプレー時の打撲や捻転で起こる傷害。急激な動作の切り返し時や相手の体重がかかった過負荷で起こる関節の傷害や筋断裂や靭帯損傷。競技中の筋けいれんなど。

ラグビー／アメリカンフットボール
　コンタクトプレー時の打撲や捻転で起こる傷害。急激な動作の切り返し時や相手の体重がかかった過負荷で起こる関節の傷害や筋断裂や靭帯損傷。競技中の筋けいれんなど。

本章で扱う部位の解剖と名称

●足関節の靭帯（右足）

内側

三角靭帯
① 前脛距靭帯
② 脛舟靭帯
③ 脛側脛踵靭帯
④ 後脛距靭帯

外側

後脛腓靭帯
前脛腓靭帯
後距腓靭帯
前距腓靭帯
距骨頚靭帯
踵腓靭帯
二分靭帯
外側距踵靭帯

●膝関節（大腿脛骨関節）の解剖（右脚）

前面

大腿骨内側顆
大腿骨外側顆
後十字靭帯
前十字靭帯
外側側副靭帯
内側半月
外側半月
内側側副靭帯
腓骨
脛骨

背面

大腿骨
前十字靭帯
外側側副靭帯
外側半月
腓骨

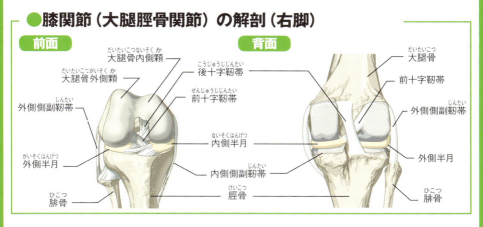

●股関節（大腿脛骨関節）の靭帯と軟部組織（右脚）

大腿骨頚部
大腿骨頭
大転子
腸恥包
腸骨大腿靭帯
小転子
恥骨大腿靭帯
腸骨大腿靭帯
坐骨大腿靭帯

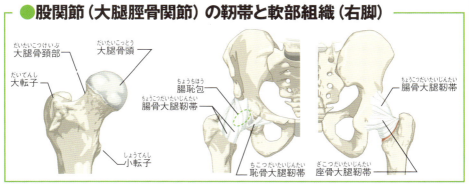

81

PART3　下半身に起こりやすいスポーツ傷害

完治の目安となる関節の正常可動域

　足部や脚部はつねに自分の体重を支え、バランスをとっているだけに、少しでも違和感があると動作がぎこちなくなってしまいます。
　回復の状況に合わせて、正常な可動域を取り戻すことが大切です。

●足首（足関節）

背屈
つま先をすねに引き寄せる動き。

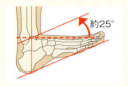
約25°

回内・回外
足首を90度に曲げ、足を内側に傾ける動き（回内）、外側に傾ける動き（回外）。

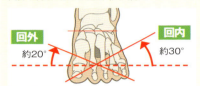
回外　約20°　　回内　約30°

底屈
つま先を下に向ける動き。

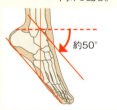
約50°

内転
つま先を内側にひねる動き。

約10°

外転
つま先を外側に開く動き。

約20°

●ひざ（膝関節）

　膝を曲げる（屈曲）の角度は年齢などによって異なるが、通常は130～140度。正座など体重がかかった場合は、さらに大きく曲げることができる。
　膝を伸ばし切った状態では、前方に5～10度の過伸展が可能。

屈曲・伸展

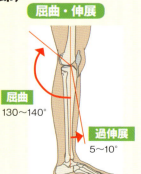
屈曲　130～140°
過伸展　5～10°

回旋
ひざを90度に曲げて、つま先の向きを変える回旋運動。

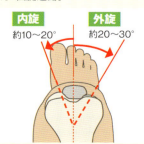
内旋　約10～20°　　外旋　約20～30°

82

●股関節

屈曲・伸展

直立した姿勢で、ひざを上方に上げたとき（屈曲）の股関節の角度は約125度、ひざを軽く曲げて後方に引く（伸展）動作の股関節の角度は約15度が目安となる。

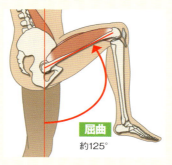

屈曲
約125°

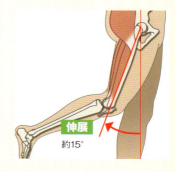

伸展
約15°

外転・内転

直立した姿勢で、片足を内側に横に交差させる（内転）ときの可動域は約20度、外側に横に広げる（外転）ときの可動域は個人差はあるが約45度が目安となる。

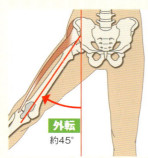

外転
約45°

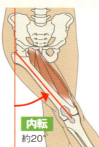

内転
約20°

外旋・内旋

あお向けに寝て、片ひざを約90度に曲げて立てたところから、内側に倒す（内旋）ときの可動域は約45度、外側に倒す（外旋）ときの可動域も約45度が目安となる。

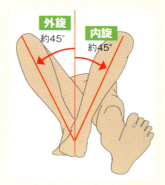

外旋 約45°　内旋 約45°

大腿骨の外旋・内旋

ひざを約90度に曲げてイスに座った姿勢から、ひざから下を内側にひねる（内旋）ときの可動域は約10～20度、外側にひねる（外旋）ときの可動域は約20～30度が目安となる。

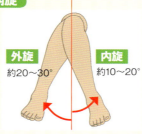

外旋 約20～30°　内旋 約10～20°

PART3　下半身に起こりやすいスポーツ傷害

下腿部は筋肉や靭帯付着部への過負荷で傷害を起こしやすい

　ひざから足首までの下腿部は脛骨と腓骨で構成されています。脛骨の上端は左右に幅広く、中間部分は三角柱状で下端はほぼ四角柱状で距骨の上に乗っています。三角柱状の前側は皮下組織の脂肪層や筋肉組織がなく、打撲した際に大きな痛みを生じるため「弁慶の泣き所」の名称で知られています。

　脛骨の外側に位置するのが腓骨です。脛骨と比べると非常に細く、下端の外側は「外くるぶし」と呼ばれ、ひどいねん挫や転倒時に骨折しやすい部位でもあります。

　脛骨と腓骨は距骨とともに足首の関節を構成しています。これらの骨には、多くの靭帯や筋肉が付着しているため、その付着部に起こる傷害も多くなります。

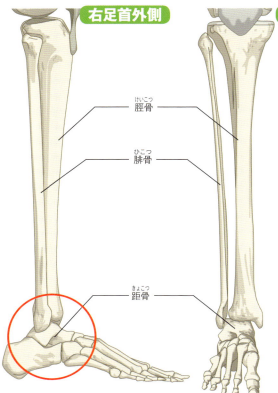

右足首外側／右足首前面

脛骨（けいこつ）
腓骨（ひこつ）
距骨（きょこつ）

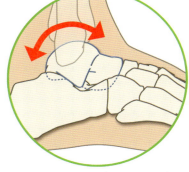

足関節距骨滑車部分

　距骨は下腿骨（脛骨、腓骨）と連結する唯一の足根骨（そっこん）です。その上部は脛骨と腓骨の下端部を乗せて、正しく可動させるために大きなアーチ形状となっています。この部分は「距骨滑車」と呼ばれています。

脚部の傷害に大きな影響を及ぼす足裏の3つのアーチ

　足の裏には3つのアーチがあります。それぞれ、内側縦アーチ、外側縦アーチ、横アーチと呼ばれますが、中でも「土踏まず」を形成する内側縦アーチは、もっとも重要とされています。

　これらのアーチは、足裏に荷重がかかったときにクッションの役割を果たします。

　これらのアーチが崩れることで、地面から受ける衝撃が大きくなり、足首だけでなく、ひざや股関節などにも大きな負荷がかかり、ケガのリスクも高くなります。

　アーチに問題のある場合は、日ごろからインソールなどを使用して調整することがケガの予防にもつながります。

内側縦アーチ

踵骨と拇指球を結んだアーチ。歩行時の振動吸収、蹴り出し動作、前後のバランス保持などの役割がある

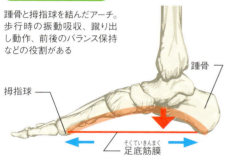

足底筋膜が体重を吸収・分散させ着地時の衝撃を吸収する

横アーチ

拇趾球から小趾球にかけての中足関節のアーチ。外側と内側の荷重移動や片足での左右バランス保持の役割がある

外側縦アーチ

踵骨と小趾球を結ぶアーチ。歩行時に踵からかかる荷重を受け止め、拇趾球側に押し返したり、体の外側へのバランスを保持する役割がある

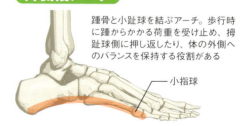

扁平足が及ぼす影響

　内側縦アーチがゆるく、土踏まずがないと、地面を蹴り上げる行為が、負担となり、疲れやすくなります。

　歩き方によっては、ひざが痛くなったり腰痛や外反母趾、踵骨の角度に異常をきたすこともあります。

　また、つねに足裏全体の血管や神経が圧迫されることになるため、血流障害からのむくみや冷え、神経が圧迫されるための痛みなどの症状が出ることもあります。

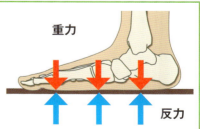

接地している部分は、重力（自分の体重）がかかっていると同時に、それと同じ大きさの反力を地面から受けている

PART3　下半身に起こりやすいスポーツ傷害

生活習慣チェックすることが ケガ予防に役立つ

　スポーツにおける足部のトラブルの原因として多く見られるのが歩行姿勢の乱れや靴のトラブルです。
　足に合わないシューズを長時間履き続けることが原因となっているケースが多く見られます。

　とくに、複雑な動きが求められるスポーツ競技では、かならず自分の足に合ったシューズを選ぶことが大切です。
　それ以外にも、内股（内反股）やがに股（外反股）、前後の荷重バランスに問題があると、足部の傷害の原因となります。

● 歩行時の正しい足の動き

　歩くときの正しい足の運び方は、そのままランニングの姿勢にも直結するため非常に大切です。ひざ、股関節、太ももの筋肉の柔軟性に問題があると、正しい姿勢がとれなくなります。
　歩くときは、体重移動とともに、まっすぐ足を振り出し、踏み出した足に体重を乗せていきます。通常は、かかとから着地し、拇趾球と小趾球で地面を蹴るような動きになります。体重が前に移動していないと、かかとを上から落とす動きになり、かかとやひざに負担がかかります。

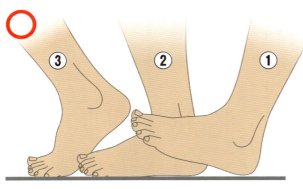

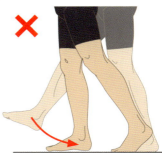

歩行時の足の動き
①かかとから着地
②足裏全体で体重を支える
③拇趾球と小趾球、指の腹を使って地面を蹴り出す

着地時に土踏まずがクッションとなって衝撃を和らげる。重心が進行方向に移動できていることで、効率よく推進力を得ることにもつながる

降り出した足が戻りながら、かかとを落とすように着地。踏み出した足に重心が乗らないと運動効率も悪くなる

歩行時に着地した足を後方から見る（右足）

歩行中に着地したときの足を後方から見たときに、かかとの骨（踵骨）が地面に対して垂直になっているのが理想です。

かかとが左右に傾いていると足首の左右に負担がかかり、競技中などの負荷の高い動作をしたときのケガのリスクが高まります。自分の着地時のバランスをチェックしておくといいでしょう。

理想的な着地
足首にもっとも負担がかからない着地

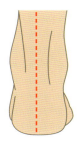

オーバープロネーション
足首が内側に「くの字」になる着地。日本人にはこのタイプが多く見られる。扁平足の場合も、踵骨の内傾が大きくなる。

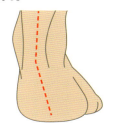

サピネーション
足首が外側に「くの字」になる着地。靴のソールが外側から減り始めるのが特徴。ハイアーチやがに股の人に起こりやすい。

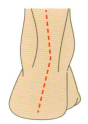

歩行中の着地癖のセルフチェック

●歩行時の着地癖

片足で立って、徐々にひざを曲げていきましょう。内側にバランスを崩しやすい人はプロネーション、外側に崩しやすい人はサピネーションの傾向があります。左右で異なる場合もあるので、両方の足でチェックしておきましょう。

歩行中の足の着地癖がわからない人は、自宅でもかんたんにチェックすることができます。

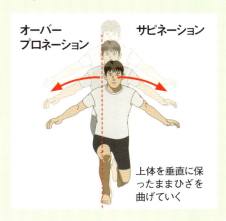

オーバープロネーション　サピネーション

上体を垂直に保ったままひざを曲げていく

PART3 下半身に起こりやすいスポーツ傷害

下半身（足〜股関節）に起こりやすいスポーツ傷害

つねに体重を支えている脚部は、もっとも傷害を起こしやすい部位と言えます。

足首の傷害で多いのが「ねん挫」やねん挫に伴う傷害です。コンタクトスポーツなどで大きな外力が加わることで骨折やアキレス腱の断裂なども起こります。

ひざの傷害で多いのが靭帯の損傷です。

他にも、ランニングやジャンプくり返しによる傷害も多く見られます。

また、股関節は柔軟性に個人差が大きく、過伸展による傷害が多いのが特徴です。

本章では、足部、足関節（足首）、下腿部、膝関節（ひざ）、大腿部、股関節に区分して、起こりやすい傷害を紹介します。

ねん挫

足首をひねって靭帯を損傷することを、一般的に「ねん挫」と呼ぶ。足首を内側にひねる内返しねん挫（内反ねん挫）がほとんどで、外側にひねる外返しねん挫（外反ねん挫）の頻度はそれほど高くない。

軽度であれば1〜2週で腫れが引くが、重度になると回復に1ヶ月以上かかることもある。

また、最初にねん挫と診断されても、腫れや痛みが酷い場合は靭帯の断裂や骨折の疑いもある。

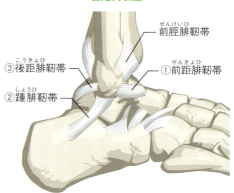

右足外側部
- 前脛腓靭帯
- ③後距腓靭帯
- ①前距腓靭帯
- ②踵腓靭帯

● 前脛腓靭帯損傷

つまづいたときなどに、つま先立ちになって起きる内返しねん挫。

前脛腓靭帯が断裂している場合に、治りにくいねん挫として見過ごされることが多く、そのまま放置しておくと、歩行、しゃがみこみ動作などで、足関節を背屈させたときに足関節前面が痛む症状が残るようになる。

● 足関節外側靭帯損傷

足首を内側にひねったときに（内返しねん挫）、足関節外側の靭帯を損傷する外傷。損傷や断裂しやすい順序は、①前距腓靭帯→②踵腓靭帯→③後距腓靭帯の順となる。

「治りにくいねん挫」と判断されやすい足首まわりの骨折や傷害

ここでは、ねん挫をしたときに起きる骨折や脱臼など見逃されがちな傷害や、ねん挫をくり返すことで起きる傷害を紹介する。

ねん挫が長引くようであれば、これらの疑いもあるので、医師のもとで早めに再検査をして、適切な処置をする必要がある。

● 距骨外側突起骨折

ねん挫の腫れや痛みが引いても、体重をかけたり、外側に足首を反らすとかかと外側の奥が痛む。スノーボードの転倒などで足首をひどくひねったときなどに起こりやすい。

● 距骨滑車骨軟骨障害

治りにくいねん挫のもっとも多い原因のひとつ。安静時に足首の奥が急に痛み、しばらくして消える痛みの頻度が増し、痛みがとれなくなる。これは、距骨滑車の骨軟骨障害で、骨軟骨骨折と離断性骨軟骨炎のどちらかの可能性がある。レントゲンで見逃されることが多いのが特徴。

左足外側部（距骨）

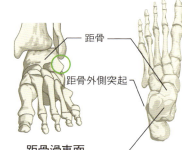

距骨滑車面
この部分に脛骨と腓骨の骨が乗り足関節を形成し、その周辺に靱帯や腱、関節包などの軟部組織がある。

● 距骨後突起骨折（シェファード骨折）

スポーツやダンスなどで底屈をくり返すことで起こる距骨の後方突起の骨折。足関節の後方が痛む。アキレス腱のやや外側に圧痛、足関節を底屈させることで疼痛を生じる。オーバーユース以外に底屈ぎみの内反ねん挫などで起こることもある。このときの遊離骨が三角骨となる。

距骨後突起と三角骨（左足）

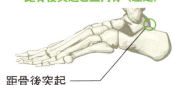

距骨後突起
後距腓靱帯の付着部。ねん挫などによって、この部分が骨折して三角骨となる。

● フットボーラーズ・アンクル（距骨嘴）

ボールを蹴る、着地、踏み込み動作などの過背屈で脛骨と距骨が衝突したり、過底屈で靱帯や関節囊が過度に引っ張られ、距骨にトゲ状の物ができる症状。ねん挫をくり返し関節がゆるい人などに起こりやすい。

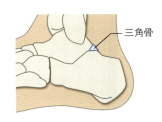

三角骨

PART3 下半身に起こりやすいスポーツ傷害

❶ 踵骨前方突起骨折

走っているときなどに足をひねり、内反ねん挫と診断されたが、足の外側の腫れや痛みがひいた後にも、体重をかけたり足をひねると痛みが残る場合、踵立方関節面の圧迫骨折や前方突起の二分靭帯が付着している部分が損傷していることが考えられる。

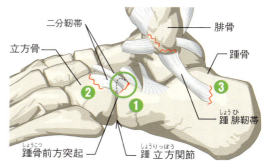

左足外側部靭帯
- 二分靭帯
- 立方骨
- 腓骨
- 踵骨
- 踵腓靭帯
- 踵骨前方突起
- 踵立方関節

❷ 立方骨剥離骨折

内反ねん挫後に外くるぶしから指2本程度横のあたりが痛む場合、二分靭帯による立方骨の剥離骨折が考えられる。

❸ 陳旧性外踝下端・踵骨剥離骨折

ねん挫後、かかと外側前下縁の痛みがとれない場合、踵腓靭帯の付着部の剥離、踵骨や腓骨が欠けていることがある。

● 足関節滑膜インピンジメント症候群

足関節の動きに合わせて軟部組織の滑膜などが挟まることで刺激を受けて、痛みや動きにくさを生じる。歩行中に急に足首前面の外側がギクッと痛み、歩いてしばらくすると自然に消える。

脛骨と腓骨の間やかかとの内側、かかと外側と距骨滑車の間の滑膜などが挟み込まれることで起こる。スポーツ選手などで靭帯損傷で足首が不安定な人に起こりやすい。

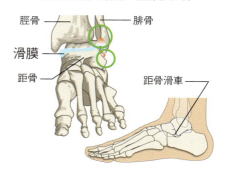

左足外側部（腓骨、脛骨まわり）
- 脛骨
- 腓骨
- 滑膜
- 距骨
- 距骨滑車

● 変形性足関節症

脱臼骨折、関節内骨折、不安定感を残すねん挫などの影響で、関節が不安定になっていると、関節の軟骨がすり減ったり、骨の変形が生じ、骨棘ができ、歩行時に痛みを生じる。原因不明の加齢に伴う変形症の場合もある。

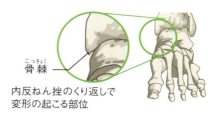

左足内側部（脛骨）
- 骨棘
- 内反ねん挫のくり返しで変形の起こる部位

● 立方骨圧迫骨折

　足首を外側にひねって起こる外反ねん挫で、踵骨に圧迫されて踵立方関節面の軟骨下骨がつぶされて起こる骨折。クルミのように挟まれることから「くるみ割り骨折」とも呼ばれる。

　立方骨は足のアーチの要となる骨のため、立方骨にゆがみが生じると足全体の構造が崩れ、扁平足をきたすこともある。

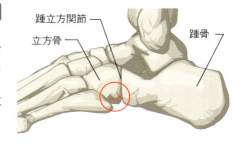

左足外側部（立方骨）

踵立方関節
立方骨
踵骨

● 腓骨筋腱脱臼

　スキーなどで踏ん張ったときなど、足関節が急激に背屈されたときに、かかと外側の後ろで音がして急に痛み、それ以降、足を踏ん張る度に足首外側が急に痛んで力が抜ける症状。

　急激に足関節が背屈されるような動作であればどんなスポーツでも発生し、最初はねん挫として扱われていることが多く、脱臼をくりかえすようになってから診断されることもある。

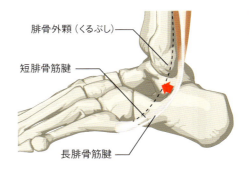

左足外側部（腓骨筋腱）

腓骨外顆（くるぶし）
短腓骨筋腱
長腓骨筋腱

● メゾヌーブ骨折

　外反ねん挫で、足関節内側の靭帯を損傷したときに、腓骨の細い部分を骨折する症状。

　通常、足首内側の三角靭帯損傷や足関節の脱臼に伴い腓骨に下から突き上げられる力が加わって骨折するケースが多い。

　まれに三角靭帯を損傷せずに腓骨の骨折が起こることもある。
疑わしい場合には足関節のみでなく、下腿近位部を含めたレントゲン撮影が必要となる。

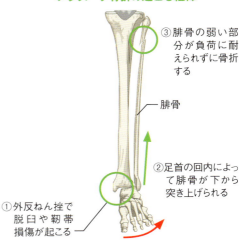

メゾヌーブ骨折の起こる経緯

③腓骨の弱い部分が負荷に耐えられずに骨折する
腓骨
②足首の回内によって腓骨が下から突き上げられる
①外反ねん挫で脱臼や靭帯損傷が起こる

足の甲や指のつけ根に痛みを生じる骨折や腱の傷害

足部でもっとも骨折を起こしやすいのが中足骨。骨折部位によって痛みを生じる場所は異なるが、足の甲や指のつけ根に骨折が起こることがもっとも多く見られる。

過度の運動などによる疲労骨折や炎症などもこの中足骨に起こりやすい。

● 第5中足骨基部骨折

第5中足骨基部骨折は、骨折部によって大きく2通りに分けられ、治療法や予後も大きく異なる。

Aよりも基部での骨折は、下駄を履いて足をひねると起こるため「下駄履き骨折」とも呼ばれ治癒も早い。

B部の骨折では、短腓骨筋の付着部（P.91ページ「腓骨筋腱脱臼」参照）がすべて骨片側にあるため骨癒合が悪くなる。ここは疲労骨折も起こりやすく、ジョーンズ骨折と呼ばれている。疲労骨折の場合は癒合に時間がかかり、手術を要すことが多い。放置すると完全骨折に至ることもある。

右足上部（第5中足骨）

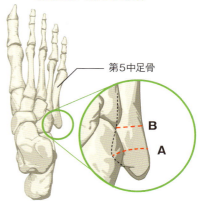

第5中足骨

B
A

❶ 中足骨疲労骨折

ランニングやジャンプ動作による過度の体重負荷が、足裏のアーチ部にくり返し加わることで発生する。第2中足骨に多く見られ、もっとも細い第3〜4中足骨の中央部にも発症する。原因不明の足の甲の痛みを生じる。急激に痛みを生じるタイプと、徐々に痛くなるタイプがある。

10歳〜高校生に好発するが、競技種目や運動量によって成人でも発生する。

❷ 中足骨痛症

中足骨頭の衝撃を和らげる役割の脂肪が減少すると、中足骨頭下の滑液包に炎症（中足骨滑液包炎）を起こす。つま先が窮屈な靴を着用時に軽い痛みやヒリヒリ感が生じやがて慢性化。拇趾球が痛む場合もある。関節リウマチが原因となる場合もある。

右足上部（中足骨）

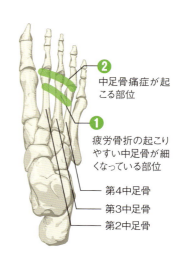

❷ 中足骨痛症が起こる部位

❶ 疲労骨折の起こりやすい中足骨が細くなっている部位

第4中足骨
第3中足骨
第2中足骨

● 足趾伸筋腱損傷

足の甲の皮下ですぐに触ることのできる足趾伸筋腱の断裂や半断裂。大部分は開放性の外傷によって起こるが、足趾伸筋腱は浅部のため、鋭利なスパイク等による軽度の外傷で損傷する場合もある。

左足正面

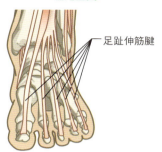

足趾伸筋腱

● 長母趾屈筋腱腱鞘炎（母趾バネ趾）

足関節を底屈した動作をくり返すことで起こる母趾の腱鞘炎。バレリーナなどに多くみられる。

歩行時の蹴り出し動作で、母趾が動くと痛む。母趾を背屈すると足首の後ろが痛み、コキッと鳴って伸びる症状が出る。

右足内側

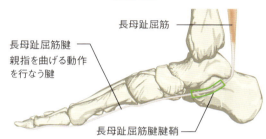

長母趾屈筋
長母趾屈筋腱 親指を曲げる動作を行なう腱
長母趾屈筋腱腱鞘

靴や運動が原因で神経が圧迫されて起こる傷害

足部のトラブルで多いのが、合わない靴などを使用することで神経が圧迫され、慢性的な痛みを生じる傷害。外反母趾に代表されるように、関節や骨の変形を引き起こすことも多い。ランニングやハイヒールの着用などの習慣のある人は、とくに気をつけよう。

● 外反母趾

母趾がつけ根から内側に曲がり、進行につれて、歩行や起立のたびに痛みを生じる。

原因については個人差が大きく、発生が女性に多いため、環境要因と遺伝的要因があるとされている。

環境要因の場合、ランニングフォームに問題があったり、足に合わない靴を履き続けることで、関節が変形、その周囲の炎症を引き起こす。

同じ要因によって外反母趾と逆に足の小趾が母趾の方向に曲がってしまう症状は内反小趾と呼ばれる。

右足上部（足趾）

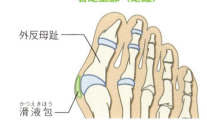

外反母趾
滑液包

● 腱膜瘤（バニン）

外反母趾によって、母趾つけ根の関節にある滑液包が腫れて痛みを生じる。

PART3　下半身に起こりやすいスポーツ傷害

❶ モートン神経腫（しんけいしゅ）

足に合わない靴でのランニングなど反復性のスポーツ活動、ハイヒールの愛用、中足骨の関節が通常よりも大きいなどの遺伝的要素で骨間の指神経を圧迫し、しびれ、疼痛、灼熱痛などの多彩な神経症状が現れる。中指と薬指に起こりやすい。

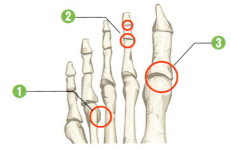

足趾の神経傷害の頻発部位（左足）

❷ ハンマー足趾（そくし）

合わないシューズで練習を続けたり、長年に渡り合わない靴を履き続けることで起こる指のつけ根の痛み。趾が長い人に多く見られ、患部に触れても熱感はない。痛みが軽度の場合、放置することで骨の変形や関節可動域の制限が見られることもある。

❸ 強直母趾（きょうちょくぼし）

偏平足、親指が長い、内股の人が起こしやすい親趾のつけ根の関節炎。患部に触れても熱感はない。
立つ、歩くなどの動作をくり返すことで扁平足になり、足が内側を向く。合わない靴を履くことで悪化する。

足部の痛みを発症する神経傷害

足部の神経は、ひざや足首を経由して指先まで伸びている。そのため、総腓骨神経が通るひざの外側、脛骨神経の通る足首の内側などが何らかの理由で圧迫されると、圧迫された部位でなく、足部に知覚障害や痛みなどの症状が現れることが多くなる。

● 総腓骨神経絞扼障害・圧迫障害（そうひこつしんけいこうやく）

ひざの外側や足首を長時間圧迫した姿勢をした後や、腓骨頭骨折などのひざの外傷、打撲、腫瘍（ガングリオン）などによって生じる傷害。正座をした後で足がしびれて足首を背屈できないのも総腓骨神経の圧迫によるものである。
第1〜4指の背側中央（足の甲）の激痛や知覚障害。進行が遅いと、足指や足首の背屈力が低下する。

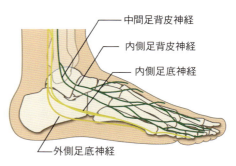

右足外側の神経

- 中間足背皮神経
- 内側足背皮神経
- 内側足底神経
- 外側足底神経

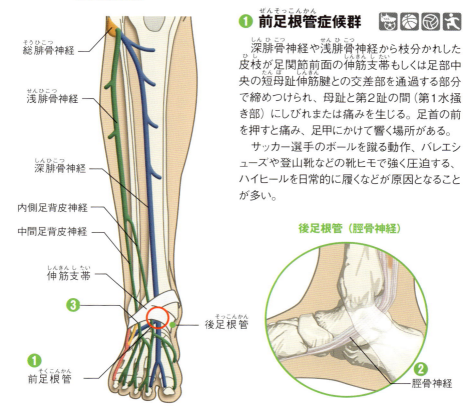

右下腿部神経

- 総腓骨神経
- 浅腓骨神経
- 深腓骨神経
- 内側足背皮神経
- 中間足背皮神経
- 伸筋支帯
- ❸
- ❶ 前足根管
- 後足根管

後足根管（脛骨神経）

❷ 脛骨神経

❶ 前足根管症候群

深腓骨神経や浅腓骨神経から枝分かれした皮枝が足関節前面の伸筋支帯もしくは足部中央の短母趾伸筋腱との交差部を通過する部分で締めつけられ、母趾と第2趾の間（第1水掻き部）にしびれまたは痛みを生じる。足首の前を押すと痛み、足甲にかけて響く場所がある。

サッカー選手のボールを蹴る動作、バレエシューズや登山靴などの靴ヒモで強く圧迫する、ハイヒールを日常的に履くなどが原因となることが多い。

❷ 後足根管症候群

足根管内で脛骨神経が、足部の外傷、骨の変形、良性腫瘍（ガングリオンなど）、静脈瘤などの圧迫、腱鞘炎による神経や血管の癒着などの原因で絞扼されて発症する。それ以外にも、扁平足による変形や後足部不安定性によって神経が伸ばされて発症する場合もある。

内くるぶしが腫れ、押すと足裏やかかとに響く痛み、しびれ、灼熱感などを生じる。

❸ 浅腓骨神経絞扼性障害

下腿外側下方の浅腓骨神経が表層に出る部分で、筋膜に締めつけられ、外くるぶしの痛み、足の甲のしびれ、または外くるぶし前方を叩くと足の甲にしびれを生じるなどの症状が起こる。舟状骨に触れる部分で過剰骨の外脛骨があると痛みを起こすこともある。

ランナーなどに多く見られる傷害。

アキレス腱とその周囲の傷害

下腿部で傷害を起こしやすい部位のひとつがアキレス腱。アキレス腱は、ふくらはぎの筋肉（腓腹筋、ヒラメ筋）がかかと（踵骨）に付着する部分の腱となる。

これらの筋肉は足首を伸ばす動作（底屈）に関わる筋肉で、歩行やランニング時にもつねに伸展と収縮をくり返している。大きな負荷がかかる部位だけに傷害を起こしやすい。

● アキレス腱断裂

運動中に、アキレス腱に衝撃を感じ痛みを生じる。ベタ足であれば歩行可能であるが、爪先立ちはできなくなる。完全に断裂していない部分断裂の場合もある。完全断裂の場合、断裂部がくぼみ、押すと痛む。

原因の約1/3はウォーミングアップ不足、2/3は受傷前からケガなどによる痛みや腱の変性が原因と考えられる。中年以降に多く見られる。

左下腿部の骨格と筋肉

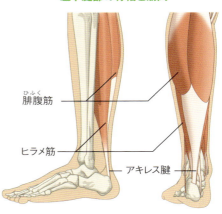

腓腹筋
ヒラメ筋
アキレス腱

● アキレス腱周囲炎

ランニングやジャンプ動作などをくり返すことで、そのストレスでアキレス腱に過度の緊張や刺激が加わり、アキレス腱を覆う膜（パラテノン）が炎症を起こし、アキレス腱に腫れ（腫脹、線維性の肥厚）を生じる。ランニングなどの運動でアキレス腱が伸展したときに痛みを生じる。

● アキレス腱後滑液包炎

かかと後方の軟部組織の圧迫のくり返しや踵骨（踵骨隆起）の圧迫のくり返しなどで後滑液包に炎症を起こす。かかとの皮下に赤いしこりが出現し、かかと上部が痛む。慢性化するとこぶが硬化することもある。

若い女性に多く見られるが、かかとの外傷や関節リウマチなどで起こることもある。

左足アキレス腱付着部

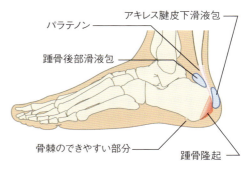

パラテノン
アキレス腱皮下滑液包
踵骨後部滑液包
骨棘のできやすい部分
踵骨隆起

● アキレス腱炎

運動などによるくり返しのストレスによりアキレス腱に微細な部分断裂や傷が生じて腱の変性が起こる。

足関節を背屈させたり、患部を押さえると痛む。進行すると可動域が制限される。アキレス腱周囲炎を併発するとアキレス腱にきしみ音を生じる。

不適切なトレーニング、靴の不適合、扁平足など足部変形も原因のひとつとなる。中年以上の市民ランナーなどに多く発症する。

左足踵アキレス腱付着部

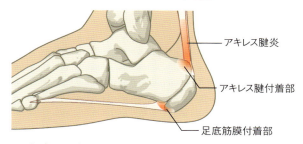

● 踵骨骨端症
しょうこつこったん

成長期における運動で、過度の負荷や疲労が原因で、かかと先端とアキレス腱と足底筋膜の付着部の骨端核が炎症を起こす。運動時や運動後の痛み、押さえたときの痛み、かかとを浮かせて歩くような重い痛みなどを生じる。

その他、かかと周辺に痛みを感じる傷害

骨折などの外傷でない場合、かかとや踵骨周辺の痛みの多くは、腱や靭帯の付着部周辺の炎症が原因とされる。

また、骨折した部位が正しく治らずに変形していたり、骨棘などの形成が原因で神経が圧迫されていることもある。

● 腓骨筋腱腱鞘炎
ひ こつきんけん

踵骨を骨折した後に踵骨結節外壁が突出したまま変形治癒してしまうことで、腱鞘が圧迫されて狭窄性の腱鞘炎を生じる。
きょうさく

歩行時にかかとの外側が痛むなどの症状が現れる。

左足腓骨筋腱鞘

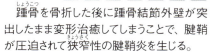

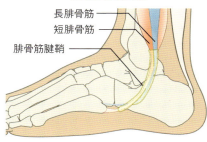

長腓骨筋
短腓骨筋
腓骨筋腱鞘

● 踵骨棘
しょうこつきょく

踵骨の異常増殖などで、踵骨と腱や骨との結合組織（筋膜）が過剰に引っ張られることで外くるぶしに痛みを生じる。隣接する組織が炎症を起こすことで、安静時にも痛みが生じる。

起床後や長時間座った後、歩き始めたときに痛む。かかと中心部を押しても痛む場合、滑液包も炎症を起こしていると考えられる。

右足足底筋膜付着部

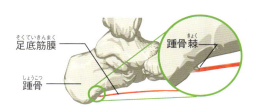

足底筋膜
そくていきんまく
踵骨
しょうこつ
踵骨棘
きょく

PART3　下半身に起こりやすいスポーツ傷害

● 後脛骨筋腱機能不全症（PTTD）

かかと内側で後脛骨筋腱腱鞘に滑膜炎が起こって腱の機能障害を発生し、舟状骨を牽引する力が弱まり、縦アーチが低下、距骨骨頭が内側に移動、踵骨の上から内下方へ脱転する。同時に踵骨が外反、縦アーチが低下して扁平足となり、前足部が外転して外反母趾を生じる。数年間、内側くるぶし下が腫れて痛んだ後、外側くるぶしに痛みを生じる。

後方から見た足部の角度（右足）

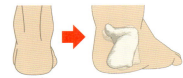

正常　　　　　後脛骨筋腱機能不完全症

立位で後方から見ると、かかとが「ハ」の字となり、小指側の足趾が余計に見える。片足つま先立ちができなくなる。

土踏まずや足の裏に痛みを感じる傷害

足の裏に痛みを生じる傷害の多くは、ランニングなどの運動で、くり返し大きなストレスがかかることで起こる。足底筋膜などの腱が炎症を起こしたり、骨間を通る神経などが締めつけられることで痛みを生じる。また、扁平足やハイアーチなど、荷重バランスが悪いと負荷がかかりやすくなる。それ以外にも、「こむらがえり」などの傷害が多く見られる。

● 内側足底神経絞扼性障害

「ジョガー足」とも呼ばれ、ランニング習慣のある人に多く起こる。脛骨神経が深総指屈筋腱に沿ったHenry結節部付近で締めつけられるのが痛みの原因。

走ったときに、土踏まずから足の裏の内側が痛む症状が現れる。親趾から中趾まで痛みが広がることもある。

● 有痛性筋痙攣（こむらがえり）

健常者は激しい運動後や冷たいプールでの運動中などに、足裏の筋肉が突然痙攣を起こし痛みを生じる。

高齢者は少しの運動後や夜間睡眠中にも生じ、様々な原因が考えられる。

● 足底筋膜炎

ランニングなどで習慣的に足底筋膜に負担をかけ続けることで炎症が起こり、足裏アーチ部やかかと前部が痛み、とくに起床時や運動時に痛みが増す。炎症が続くと踵骨棘（P.97参照）の増大を生じる。

ジョギング愛好者の他に、扁平足、X脚、ハイアーチの人などに起こりやすい。

足底腱膜炎で痛む部位（右足）

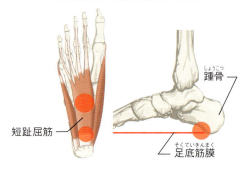

短趾屈筋　　　踵骨　　　足底筋膜

すねやふくらはぎに痛みを感じる傷害

足と同様に下腿部はつねに体重を支えているため、下腿部には大きな負荷がかかっている。

さらに、足首やひざを動かすための筋肉があるため、筋肉にかかる負荷が強くなったり、疲労することで、それらの筋肉自体やその付着部を傷めやすくなる。筋肉の強度や柔軟性、または骨や関節などに異常があると、傷害を起こしやすいので注意が必要。

● 下腿骨疲労骨折

運動などで過度の負荷がかかったときに生じる疲労骨折で脚に体重をかけるとすねが痛む。

発生部位が上中1/3や中下1/3は疾走型疲労骨折といい、長距離走者に多く見られる。中央1/3に見られるものは跳躍型疲労骨折と呼ばれ、ジャンプ種目に多く発生する。

女性での場合、過激なトレーニングなどで生理が止まった状態が長期間続くと女性ホルモンの関係で骨そのものが弱くなって起こることもある。

● シンスプリント（脛骨過労性骨膜炎）

ランナーに多い病気で、脚を酷使する事で骨膜に炎症を起こし、脚を動かそうとしたときに、すねの中央より少し下の内側にうずくような痛みや腫れを伴う。

後脛骨筋・長母指屈筋・長指屈筋・ヒラメ筋の脛骨起始部にくり返し加えられたストレスによる骨膜の炎症反応といわれている。運動量の変化、受験などで筋力が落ちた状態での運動、扁平足や内股の人に起こりやすい。

よく似た症状の傷害として脛骨疲労骨折があり、鑑別には注意が必要。

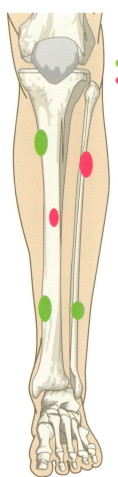

疲労骨折の起こりやすい部位（左下腿部）

● 疾走型疲労骨折
● 跳躍型疲労骨折

PART3　下半身に起こりやすいスポーツ傷害

● コンパートメント症候群（筋区画症候群）

スポーツや交通事故などによる打撲、骨折、脱臼などの原因で、骨、骨間膜、筋膜などの隔壁によって閉ざされた部屋（コンパートメント）の中の筋肉が腫れ、圧が高まって血行障害が生じる。走り過ぎたせいか、ふくらはぎがパンパンに腫れ、締め付けられるように痛む等の症状が現れる。

血行障害により筋肉がさらに腫脹して圧が高まる悪循環が起こり、圧が動脈圧を越えて阻血が生じてしまうと筋肉は壊死に至る。

● 下腿筋膜裂傷（肉ばなれ）

筋肉が瞬間的に強く収縮した結果、その筋肉自体が強く引っ張られて断裂するもの。

ごく僅かな小さな筋線維の断裂から筋肉が大きく断裂している重症まである。受傷時の症状で損傷程度を判断できないため、受傷直後に痛みが軽くても時間経過とともに血腫が形成され、腫れや痛みが強まり、関節の動きが制限される場合も少なくない。

まれに起こる前脛骨筋筋膜裂傷や筋腹部分断裂では、癒着による足関節の背屈制限をきたすこともあるので注意が必要。

● 有痛性筋痙攣（こむらがえり）

筋肉が突然痙攣を起こして痛みを生じる一般的に「足がつる」と呼ばれる症状。

健常者は激しい運動後や冷たいプールでの運動中などに、足裏の筋肉が突然痙攣を起こし痛みを生じる。

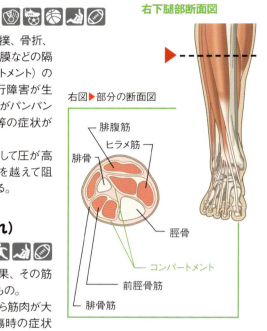

右下腿部断面図

右図▶部分の断面図
- 腓腹筋
- ヒラメ筋
- 腓骨
- 脛骨
- コンパートメント
- 前脛骨筋
- 腓骨筋

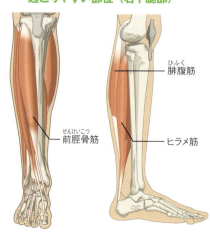

肉ばなれやこむらがえりが起こりやすい部位（右下腿部）

- 腓腹筋（ひふく）
- 前脛骨筋（ぜんけいこつ）
- ヒラメ筋

ひざの靭帯損傷

　靭帯に大きな外力が作用して、部分的もしくは完全に切れることを靭帯損傷と呼ぶ。
　もっとも損傷しやすいひざの靭帯が内側側副靭帯。不安定性がある場合は前十字靭帯損傷を合併している可能性も少なくない。
　内側側副靭帯や前十字靭帯が断裂してしまうとひざの安定性が失われ、半月板の損傷などの合併損傷を引き起こす。

● 膝内側側副靭帯損傷

　ひざの内側を伸ばすような外反力がかかって生じる。損傷部位の炎症、関節血腫に伴う関節内圧の上昇、場合により亜脱臼に伴い関節軟骨下骨層の微小骨折などが起こって強い痛みを生じる。

● 膝外側側副靭帯損傷

　ひざの外側を伸ばすような内側からの力が加わることで起こる。後外側構成体（外側側副靭帯、膝窩筋腱、弓状靭帯の総称）が損傷すれば、後十字靭帯損傷を同時に起こすことも多い。

● 前十字靭帯損傷

　ひざ外側より外反力が加わり、下腿部が外旋されて生じる。急に止まろうとしたときやジャンプの着地時にひざがガクッと崩れた場合などの非接触でも起こることがある。

● 後十字靭帯損傷

　ハードルの着地、ラグビーなどで前方からタックルを受けたときなど、ひざを少し曲げた状態での脛骨前面部の打撲などで起こる。

損傷しやすい部位（右ひざ前面）

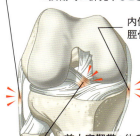

外側側副靭帯：他の靭帯や半月板の損傷時に併発することが多い

内側側副靭帯：脛骨突起部付近

前十字靭帯：他の靭帯や半月板の損傷時に併発することが多い

靭帯損傷時のストレステスト

●外反ストレステスト

ひざを約30度曲げ、片手でひざの外側を押さえ、足首を外に少しひねる。

●内反ストレステスト

ひざを約30度曲げ、片手にひざを乗せるように内側を固定して、足首を内側に少しひねる。

❶ラックマンテスト

ひざを約20度曲げ、片手で大腿部を持ち、下腿を前方へ引く。

❷リバースラックマンテスト

ひざを約20度曲げ、片手で大腿部を固定し、下腿を後方へ押す。

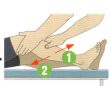

ひざの靭帯損傷が起因となって起こりやすい傷害

　靭帯損傷の際に、半月板損傷や骨軟骨損傷を合併することもある。
　また、ひざが不安定なまま放置すると、ひざに水がたまる関節水腫や、二次的に半月板が切れたり、変形性膝関節症に移行することもあるので注意が必要。

● 半月板損傷（はんげつばんそんしょう）

半月板損傷のタイプ（右ひざ）

バケツ柄状断裂（縦断裂）

水平断裂　　横断裂　　弁状断裂

　好発年齢は10〜30歳。幼児の場合はひざの伸展障害として発症する。歩行中の方向転換、凹凸道の歩行、運動中などにひざがガクッと外れたようになり、ひざの中で何か滑った感じがする。
　内側半月損傷では、ひざを伸ばしながら下腿を外旋させたときに内側関節に、外側半月損傷では下腿を内旋させたときに外側関節に引っかかり（クリック）を感じる。

ひざに過度の負荷がかかって起こる傷害

　ランニング、サッカー、ラグビー、レスリング、相撲、柔道、バスケットボール、体操競技、バレーボール、テニス、バドミントンなど、ひざへの過重が強かったり、ひざに集中的に負担がかかるスポーツでは、さまざまな傷害が起こるので注意しよう。

● 鵞足炎（がそくえん）

鵞足部（右ひざ内側）

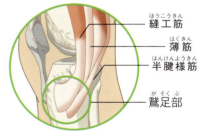

縫工筋（ほうこうきん）
薄筋（はくきん）
半腱様筋（はんけんようきん）
鵞足部（がそくぶ）

　オーバーユースや過度の負荷がかかることで、ひざを曲げるときに使う屈筋（縫工筋、薄筋、半腱様筋）と脛骨の付着部（鵞足部）が脛骨内側顆や滑液包と摩擦することにより滑膜が炎症を起こし、ひざの内側の鵞足部を押さえると痛みを生じる。
　陸上競技やサッカーの選手に多く発症する。とくにX脚でひざが内側に入っていると起こりやすい。

● 膝前部痛症候群

　若年のスポーツ愛好家で、膝蓋骨の周囲に痛みがあり、関節鏡検査をしても関節内に特記すべき所見の得られない症例を総称したもの。ひざの内側に痛みを生じたり、押すと痛みを発するなどの症状が現れることが多い。

● 滑膜ひだ（タナ）障害

　膝蓋骨と大腿骨内側顆部に挟み込まれる滑膜ひだが約50％の人に存在する。ひざの曲げ伸ばしなどでくり返しストレスがかかり、関節間に挟まったり、こすれることで炎症を起こす。

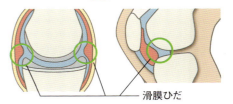

滑膜ひだ
滑膜ひだ

● 膝蓋骨不安定症（膝蓋骨亜脱臼症候群）

　バレーボール選手などが、足を固定したまま足をひねってひざを脱臼することで起こる。激しい足の痛みや腫れ、出血を伴うこともある。大腿四頭筋が弱い人に比較的起こりやすい傷害。

　その後、ひざのお皿のずれが大きくなることで不安定感が出る。動作時の引っかかり、動かすほどにひざ前方の痛みが強くなる、座っているときの痛み、動きにくさなどの症状が現れる。

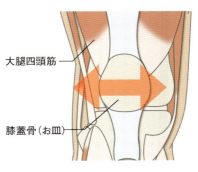

膝蓋骨（右ひざ）
大腿四頭筋
膝蓋骨（お皿）

● ランナー膝（ランナーズ・ニー）

　ランニング中に痛みや腫れなどを生じ、膝蓋骨の裏側あたりが痛む。やがて、階段を下りるときなどでも痛みを生じるようになる。

　通常、走行中に膝蓋骨は大腿骨に触れずに、わずかに上下に動いている。足が過度に内転（回内）することで下腿が内側にねじられ、膝蓋骨が内側に引っ張られる。同時に大腿四頭筋が膝蓋骨を外側に引くことで、膝蓋骨の裏側と大腿骨の末端部がすれて痛みを生じる。

　膝蓋骨の位置の高低、筋肉との位置のずれ、太ももの裏側の筋肉が硬い、アキレス腱が硬い、太ももの筋力が弱いなど、構造的な異常が原因で起こることが多い。

ランニング中の膝蓋骨の動き
大腿四頭筋に引かれ、膝蓋骨が上下する

ランナー膝
膝蓋骨の裏側と大腿骨がこすれて炎症を起こす

103

PART3 下半身に起こりやすいスポーツ傷害

● オスグット・シュラッター病

10歳代前半のスポーツ選手にしばしばみられる脛骨粗面部の骨端炎。ひざを曲げたときにひざ下に痛みを生じる。腫れが生じたり、歩行が困難になる場合もある。

くり返される大腿四頭筋の伸展力により、骨化過程にある脛骨粗面部の骨端軟骨が部分的に剥離する、または急激な骨の成長により大腿四頭筋の過緊張が起こることなどが原因と考えられている。

骨端軟骨の剥離

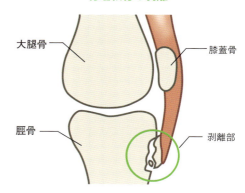

● 膝蓋靭帯炎（ジャンパーズ・ニー）
しつがいじんたい

ジャンプやキックなどの動作で、おもに膝蓋腱の膝蓋骨付着部へのくり返される牽引力により、腱付着部の炎症が生じる。膝蓋骨の上端あるいは下端が痛み、腫れを伴う。ひざの過屈曲で痛みが出る。

とくに発育期に膝蓋骨下端に圧痛を訴えるものは「シンディングラルセン病」と呼ばれている。

膝蓋骨（右ひざ）

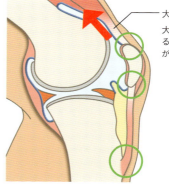

● 腸脛靭帯炎
ちょうけいじんたい

ランニング障害として見られることが多い。腸脛靭帯と大腿骨外側上顆の骨隆起との間で生じる摩擦から起こる痛みで、使いすぎが原因とされる。

運動後のひざ外側の痛み。痛む部分の少し上を押さえてひざを屈伸させると痛みを生じる。

腸脛靭帯炎を起こしやすい部位（右脚）

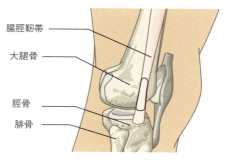

水がたまる

ひざに水がたまるのは、①膝関節のクッションの役割をしている軟骨が傷つく、②関節内の炎症、③骨や関節などに傷がついて内出血している場合などが原因とされる。

● 膝蓋前滑液包炎（膝蓋粘液腫）

膝蓋前滑液包の炎症によって起こり、お皿の上に腫れと痛みを生じる。外傷による細菌性以外には、通常と異なる運動や過負荷による損傷、ひざを曲げた姿勢を頻繁にとることで起きる。別名、「女中ひざ」とも呼ばれる。

● 膝関節水腫

膝関節の関節包の中の関節液をつくる滑膜が炎症を起こし、関節液が過剰に分泌され、ひざの内部に痛みを生じる。スポーツ傷害としては以下の原因が考えられる。

発症の原因と関節液の色

1 炎症性（変形性関節症等）
半月板や靭帯の損傷、変形性膝関節症などの炎症で、黄色透明で粘りのある液が貯留する。

2 化膿性
外傷による細菌の感染で、ひざの発赤や発熱を生じる。関節液は不透明で緑がかっていて粘度は低い。

3 血性（外傷、血友病等）
関節内骨折はもちろん、血友病などを有する場合は軽度の外傷でも、関節液に血が混入することがある。

● 膝蓋軟骨軟化症

膝蓋骨と大腿骨の間の軟骨が軟化し変形する。
スポーツ傷害としては、膝蓋骨のケガで関節軟骨が傷つく、靭帯損傷、膝蓋大腿関節脱臼や亜脱臼、X脚など、膝蓋骨の関節になんらかの問題を持つ人、高齢者、20歳前後の若い女性に発症するケースが多い。他にも関節軟骨の栄養障害が原因のひとつとも考えられている。

膝関節の関節包

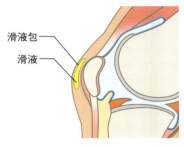

● 膝窩嚢腫（ベーカー嚢腫）

ひざの反り過ぎなどで、地面からの過剰な衝撃がくり返され、半膜様筋腱と腓腹筋内側頭の間の滑液包に炎症が生じ、ひざの後ろに水が溜まる。痛みはほとんどないが、ひざを深く曲げたり、正座したときに違和感を感じる。

日常生活や体重オーバーなどによる環境条件が原因で起こることもある。骨などが成長し切っていない子どもにも起こりやすい傷害。

膝蓋大腿関節

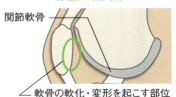

PART3　下半身に起こりやすいスポーツ傷害

大腿骨の骨折

　大腿骨骨折とは「太ももの骨折」。太ももには太い骨と筋肉がついているため、もし、骨にひびが入ったり折れたりすると、大抵の場合、痛みがひどくて歩行が困難になる。
　骨幹部や遠位端の内側は疲労骨折も起こりやすい。

● 大腿骨頚部（近位部）骨折

　転倒時に大きな外力が加わり、股関節が痛んで起き上がれない場合は、まず大腿骨頚部骨折の可能性を忘れてはならない。この骨折は、もっともなおりにくい骨折のひとつと言われている。
　股関節に強い痛みがあり、下肢を動かそうとすると、痛みが増して起き上がれなくなる。骨折端が外れていると、下肢が短縮して外旋し、ひざやつま先が外に向く。
　安静を保つことで痛みはなくなり、1週間ほどで腫れもなくなる。経過が順調なら、約2ヶ月で骨折部が固まり、関節運動に入れるようになり、4ヶ月程度で歩行可能になる。

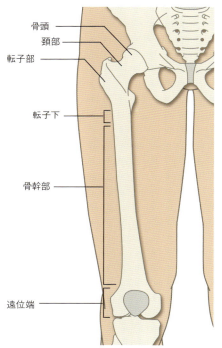

大腿骨の各部位（右脚）
骨頭／頚部／転子部／転子下／骨幹部／遠位端

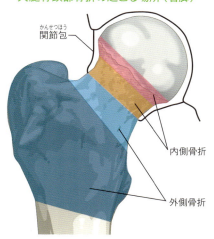

大腿骨頚部骨折の起こる場所（右脚）
関節包／内側骨折／外側骨折

● 大腿骨遠位部骨折

　大腿骨のひざに近い部位の骨折で、太ももに大きな力が加わることで骨折する。
　骨折が膝関節まで及んでいない場合は、比較的単純な骨折と言えるが、骨折が膝関節面まで及んでいると、より複雑な骨折となり、膝関節の障害の原因となる。

大腿部や股関節の打撲・脱臼・ねん挫など

大腿部には大きな筋肉が多く、そのぶん大きな力が加わることで筋損傷を起こしやすい部位の一つとされている。

また、股関節は可動域の大きな関節のため、関節まわりの腱や靭帯、軟部組織などの傷害が起こりやすい部位とも言える。

● チャーリーホース

チャーリーホースとは、大腿部前面の筋肉への打撲傷とその後の筋肉硬直。大腿部前面に強い打撃が加わり、筋肉が大腿骨の硬い表面と打撃の間に挟まれることで痛みや腫れなどを生じる。

ラグビー、サッカー、バスケットボールなどコンタクトスポーツによく起こり、受傷直後はプレーを続けることができるが、練習や試合の終わり頃になって筋肉の深部が痛むようになる。

応急処置として、痛みがなければひざを曲げ大腿四頭筋を伸ばし、痛む場合は無理にひざを曲げずにRICE処置（P.22参照）を行なう。

痛みをおしてのエクササイズは骨下性筋炎に移行する危険があるので注意が必要。

大腿部前面の筋肉（右脚前部）

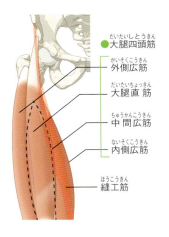

- ●大腿四頭筋
  - 外側広筋（がいそくこうきん）
  - 大腿直筋（だいたいちょっきん）
  - 中間広筋（ちゅうかんこうきん）
  - 内側広筋（ないそくこうきん）
- 縫工筋（ほうこうきん）

● 筋断裂（肉ばなれ）

筋肉に急に強い収縮力が働き、自分の筋力に耐え切れずに起こる筋組織の断裂。通称「肉ばなれ」と呼ばれる傷害。損傷部に腫れが生じ、疼痛のため関節の運動が制限される。損傷程度によって、歩行が困難になる場合もある。

太もも裏側の大腿屈筋（だいたいくっきん）、太もも前側の大腿直筋（だいたいちょっきん）、太もも内側の大内転筋（だいないてんきん）、ふくらはぎの腓腹筋によく発生する。大腿部の肉ばなれは20代前後の若年層に多く発生し、筋断裂時に腱付着部の剥離骨折（はくり）を生じることがある。

発症直後のRICE処置（P.22参照）が大切。内出血が大きい場合、「圧迫包帯」を使って腫れを最小限に抑える処置が有効。また、回復過程で形成する瘢痕は非常に硬い組織のため、ストレッチで柔軟性を高めておくことが再発防止に重要。

筋断裂部分の回復ステップ

① **筋断裂**

② **瘢痕の形成**（はんこん）

早期の運動再開

再発

③ **患部の縮小**

瘢痕は硬い組織のため、ストレッチなどで柔軟性を高めておかないと、その周囲での再発リスクが高くなる

PART3　下半身に起こりやすいスポーツ傷害

● 外傷性股関節脱臼

大きな外力が加わって起こる関節の脱臼。大腿骨の骨折を伴うことが多い。脱臼位は前方、後方、上方、内方などに区別されるが、約70%は後方脱臼、約20%は前方脱臼、その他は非常に稀とされる。

股関節の強い痛みと腫れと同時に、精神的ショックも大きい。下肢の肢位は直そうとしても抵抗が大きく、手を離すと元の状態に戻ってしまう。

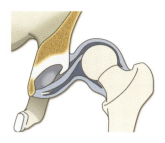

股関節上方脱臼

● 股関節ねん挫

股関節を過度に捻る、高い所から飛び降りて強い衝撃を受ける、直接打撃を受けて損傷をきたす、などの理由で起こる股関節のねん挫。膝関節に疾患がある人がひざをかばって長時間歩くことで発症する場合もある。

患部の腫れ、痛み、熱感のほか、歩いたりしゃがんだりするときに痛みを感じる。

放置していると、股関節が固まってほとんど動かせなくなったり、周りの血行が悪化して大腿骨頭が変形することもあるので注意が必要。

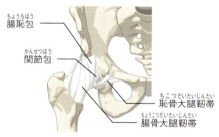

股関節まわりの靭帯（右脚前面）

- ちょうちほう　腸恥包
- かんせつほう　関節包
- ちこつだいたいじんたい　恥骨大腿靭帯
- ちょうこつだいたいじんたい　腸骨大腿靭帯

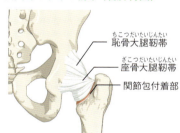

股関節まわりの靭帯（右脚背面）

- ちこつだいじんたい　恥骨大腿靭帯
- ざこつだいたいじんたい　座骨大腿靭帯
- 関節包付着部

● 弾発股（バネ股）

股関節を動かすと引っかかり感があり、音がしたり、股関節が外れるような違和感を生じる。いずれ炎症を起こし、足を動かすとお尻や鼠径部が痛んだり、股関節の可動域が狭くなり大きく動かすと痛みを生じる症状が出る。

股関節が外側上部にずれていると腸脛靭帯が大腿骨の大転子に引っかかり股関節の外側から音がする。内側の場合、小転子と腸腰筋の引っかかりからくると言われ、音がすることはまれなケースとなる。

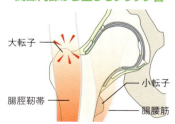

関節内部から生じるクリック音

- 大転子
- 小転子
- 腸脛靭帯
- 腸腰筋

● 大腿骨大転子部滑液包炎

大転子と大臀筋腱の間にある大転子部滑液包が、その前方の大腿筋膜張筋で圧迫され炎症が生じる。炎症初期は、運動中や運動直後に大腿部から股関節の外側が痛み、安静で軽快する。滑液包が腫れると、筋肉や靭帯が引っかかり弾発股を引き起こす。

バスケットボールやバレーボール、クラシックバレーなど跳躍運動の多いスポーツやダンスで発生しやすい傷害。

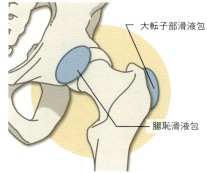

股関節の滑液包

大転子部滑液包
腸恥滑液包

● 股関節唇損傷
（こかんせつしん）

股間節についている股関節唇と呼ばれる繊維軟骨が損傷し、弾発股に似た症状が起こる。歩行中、靴を履く動作、足の裏を見る動作などで股関節から音がしたり、何か挟まっているような感覚や、半分外れているような感覚が起こる。症状が進行すると、音に加えて痛みも生じる。痛みは一時的で安静にしていると消えるが、症状の進行に伴い痛みが継続するようになる。

股関節唇は、大腿骨頭と臼蓋（骨盤側の受け皿の役割をする部分）を縁どるように付着し、周囲の筋肉などと共に関節を安定させている。

サッカーや野球のスライディング、キック動作で股関節が瞬間的に大きく広げられ、股関節唇に亀裂が生じる。

痛みを放置したり、運動を継続することで、亀裂が大きくなり、痛みがさらに増大する。悪化すると、裂けた繊維軟骨が関節の中に入り込んで、スムーズな動きが妨げられたり、股関節表面に傷をつけ、関節障害が起こることもある。

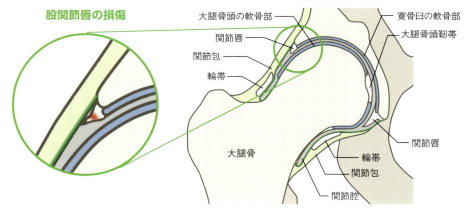

股関節唇の損傷

正常な股関節

大腿骨頭の軟骨部
関節唇
関節包
輪帯
大腿骨
寛骨臼の軟骨部
大腿骨頭靭帯
関節唇
輪帯
関節包
関節腔

Column ❷

正しい知識を身につけ 熱中症の予防と準備をしておこう

　熱中症の予防で大切なのが、積極的な水分・塩分補給、体の冷却と言われますが、それ以前に重要なのが、運動スケジュールや気温に合わせた運動強度の判断です。熱中症計を使った暑さ指数（WBGT）を計測するなど、危険を未然に避ける必要があります。

　水分補給に関しては、汗をたくさんかいたときは、失われた水分とともに塩分（ナトリウム）を補給することが大切です。日本スポーツ協会が推奨する飲料は、15〜15℃、0.1〜0.2％の食塩（ナトリウム40〜80mg/100ml）と糖質を含んだものが効果的とされています。

　運動前はスポーツドリンクなども効果的ですが、速やかな水分補給が必要な場面では消化の負担が少ない経口補水液を飲むといいでしょう。

　また、体を冷却するには、木陰に入るだけでなく、冷却用品を使うことが大切です。現在、首の後方を冷やすのが一般的になっていますが、頚動脈を流れる血液はスピードが速く、冷却効果があまり望めないことを考えると、血流のゆったりとした手や足などの末端部を氷水につけるなどすることで効率よく体温を低下することができます。水分補給と併せてこまめに行なうことが熱中症の予防につながります。

参考気温	暑さ指数	熱中症予防運動指針	
35℃以上	31℃以上	運動は原則中止	特別の場合以外は運動を中止する。特に子どもの場合には中止すべき。
31〜35℃	28〜31℃	厳重警戒（激しい運動は中止）	熱中症の危険性が高いので、激しい運動や持久走など体温が上昇しやすい運動は避ける。10〜20分おきの休憩、水分・塩分の補給。暑さに弱い人は運動を軽減または中止。
28〜31℃	25〜28℃	警戒（積極的に休憩）	熱中症の危険が増すので、積極的に休憩をとり適宜、水分・塩分を補給する。激しい運動では、30分おきくらいに休憩をとる。
24〜28℃	21〜25℃	注意（積極的に水分補給）	熱中症による死亡事故が発生する可能性がある。熱中症の兆候に注意するとともに、運動の合間に積極的に水分・塩分を補給する。
24℃未満	21℃未満	ほぼ安全（適宜水分補給）	通常は熱中症の危険は小さいが、適宜水分・塩分の補給は必要である。市民マラソンなどではこの条件でも熱中症が発生するので注意。

（公財）日本スポーツ協会「スポーツ活動中の熱中症予防ガイドブック」（2019）より

Part 4

体幹部に起こりやすいスポーツ傷害

PART4 体幹部に起こりやすいスポーツ傷害

「姿勢維持」と「四肢の動きの軸」だけに大きな負荷がかかりやすい

体幹部は、四肢からのパワー発揮、姿勢ボディバランスの維持などに重要な役割を果たすだけに、日ごろから大きな負荷がかかりやすいのが特徴。

体幹部は四肢からのパワーを発揮するための軸となる重要な部分です。

野球の投球、バレーボールのスパイク、テニスのスマッシュ、キック動作など、手や脚をムチのように使って大きな力を発揮するときに、手脚のつけ根となる体幹部に大きな負荷がかかります。それだけに、フォームの乱れや筋肉の偏りがあると、さまざまな傷害を生じます。

また、バットやラケットのスイング動作など、体幹部をひねる動作でパワーを発揮するスポーツでは、瞬間的に大きな力が加わることで、腹部や胸部の筋肉に傷害を起こすこともあります。同様に、下半身で大きなパワーを発揮する局面では、お尻まわりの筋肉を傷めるケースも多く見られます。

その他に多く見られるのが、腰や背中の傷害です。姿勢の乱れなどの理由で、背部の傷害は正しく体を使えていないと、大きな力がかかったときに、腰や背中の一点に負荷が集中して、その周辺部位を傷めやすくなります。

体幹部は姿勢の維持にもっとも重要な部位だけに、傷害が起こると四肢の運動

はもとより、日常生活に支障を来すことも多いので注意が必要です。

本章で対象となる部位

- 臀部（お尻まわり）
- 鼠径部（股関節まわりを含む）
- 腰部
- 背部
- 腹部
- 胸部

下半身の傷害のおもな原因

① ひねる／関節が過剰に引き伸ばされる（過伸展）

四肢の付着部となる、肩や股関節まわりは関節可動域も広く、多くの筋肉や腱が付着しています。

そこにひねりの力が加わったときに、局所的に過負荷が生じ、関節内の軟部組織や筋付着部などに傷害を起こします。

また、体幹を左右にひねったり、前後に反らせたりしてパワーを生み出す動作では、姿勢や体の使い方が悪いと、負荷が一点に集中して筋肉や軟部組織を傷めやすくなります。

② 過剰な負荷がかかる

関節を可動域の範囲内で使っているときにも、大きな負荷が急激にかかることで「筋断裂」などの傷害が起こります。とくに起こりやすいのが臀部や腹部です。急激なダッシュや動作の切り替え時に臀部、スイング動作でダウンスイングへの切り替え時に腹部の筋肉に大きな負荷がかかりやすく、傷害も起こりやすくなります。

筋肉の柔軟性が低かったり、栄養の偏りなどがあったり、夏場の水分不足、冬場のウォーミングアップ不足などで起こりやすくなります。

③ 継続的にかかる負荷からの疲労

毎日の練習や試合など、同じような動作をくり返すことで、特定部位に継続した負荷がかかり、腱や靭帯と骨の付着部がはがれたり（剥離）や骨膜などに炎症が引き起こされます。腕や脚を振る動作では肩や股関節まわり、体をひねる動作では肋骨や腹部などの傷害が起こりやすくなります。

それ以外にも、キック動作などをくり返すことで腰椎に継続的に負荷がかかり骨の異常が生じる場合もあります。

④ 大きな外力が加わる

コンタクトスポーツや不慮のアクシデントなどで、大きな衝撃が加わったり、関節が過伸展されることで傷害が起こります。

単なる打撲であれば大事ではありませんが、骨折、脱臼、靭帯の断裂などの大きなケガが起こったり、脊椎損傷など生命に危険を及ぼす深刻なケースもあります。

⑤ その他の原因

他にも、日ごろの生活習慣などで姿勢が乱れていると筋肉バランスに偏りを生じ、傷害が誘発されることもあります。

他にも、骨や軟骨の変性や筋成長などの理由で神経が圧迫されると、手や脚の動きや感覚に異常が現れる絞扼性の神経障害などが生じることもあります。

スポーツ別 起こりやすい傷害の種類と傾向

野球
投球動作のくり返しによる肩まわりの筋肉、腱、靭帯などの傷害。スイング動作のくり返しによる腹部の筋断裂や肋骨まわりの傷害。その他、トレーニングの疲労による臀部や鼠径部の傷害。

テニス
スイング動作で大きな負荷がかかって起こる腹部の筋断裂。ストップ＆ダッシュをくり返すことで起こる臀部の筋断裂。累積疲労による靭帯や腱と骨の付着部の傷害。

バレーボール
スパイク動作のくり返しによる肩まわりの筋肉、腱、靭帯などの傷害。体を反らせる動作のくり返しなど累積疲労による傷害。尻もちをついたときなどに起こる腰背部の傷害。

柔道／レスリング
コンタクトプレー時の打撲や捻転で起こる骨折、脱臼、ねん挫などの外傷。脊椎損傷などの大事故につながることもある。

サッカー
キック動作のくり返しによる股関節まわりの傷害、腰椎の成長軟骨と骨の間ですべる分離症など。コンタクトプレーや尻もちをついたときなどに起こる腰背部の傷害。

バスケットボール
コンタクトプレーや尻もちをついたときなどに起こる腰背部の傷害。急激な動作の切り返し時に起こる筋断裂。ジャンプ動作のくり返しなど累積疲労による傷害。

陸上競技
急激な動作の切り返し時や着地動作時に起こる股関節の傷害や臀部の筋断裂。累積疲労による靭帯や腱と骨の付着部の傷害。着地で尻もちをついたときなどに起こる腰背部の傷害。

ラグビー／アメリカンフットボール
ストップ＆ダッシュをくり返すことで起こる臀部の筋断裂。コンタクトプレー時の打撲や捻転で起こる骨折、脱臼、ねん挫などの外傷。脊椎損傷などの大事故につながることもある。

本章で扱う部位の解剖と名称

●骨盤の骨格

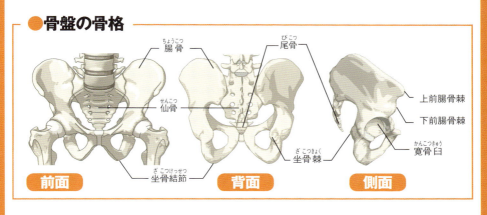

●体幹部の骨格

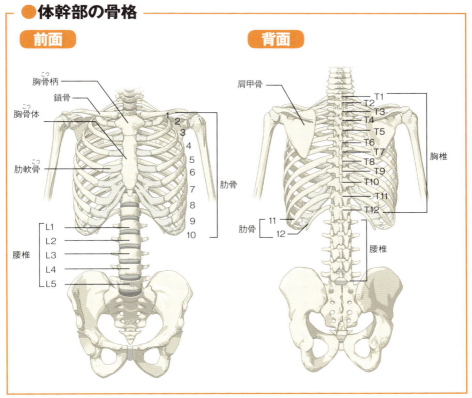

PART4　体幹部に起こりやすいスポーツ傷害

●鼠径部・臀部の筋肉

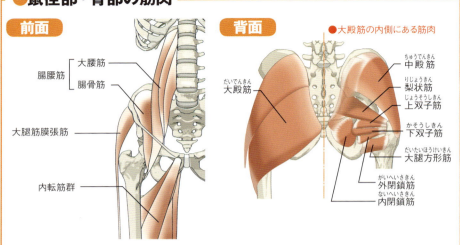

●腰背部の筋肉

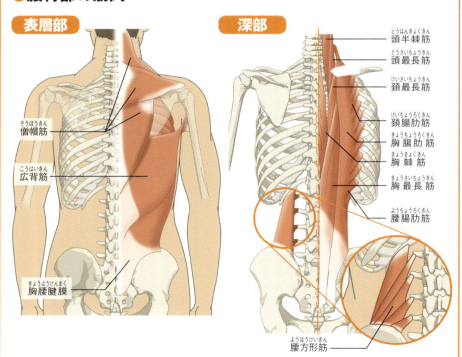

●腹部の筋肉

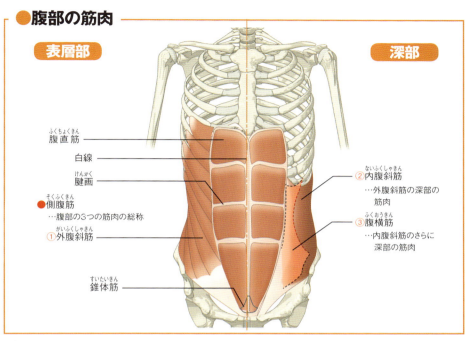

表層部 / 深部

- 腹直筋（ふくちょくきん）
- 白線
- 腱画（けんかく）
- ●側腹筋（そくふくきん） …腹部の3つの筋肉の総称
- ①外腹斜筋（がいふくしゃきん）
- 錐体筋（すいたいきん）
- ②内腹斜筋（ないふくしゃきん） …外腹斜筋の深部の筋肉
- ③腹横筋（ふくおうきん） …内腹斜筋のさらに深部の筋肉

●胸部の筋肉

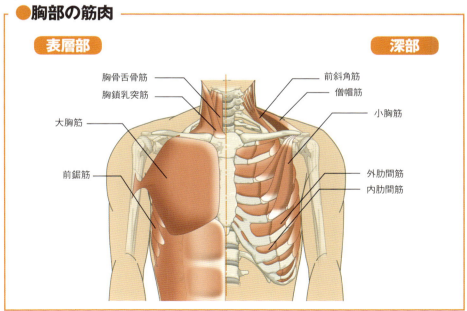

表層部 / 深部

- 胸骨舌骨筋
- 胸鎖乳突筋
- 大胸筋
- 前鋸筋
- 前斜角筋
- 僧帽筋
- 小胸筋
- 外肋間筋
- 内肋間筋

PART4　体幹部に起こりやすいスポーツ傷害

完治の目安となる体幹の正常可動域

体幹の可動域は5個の腰椎と12個の胸椎で決まるため、可動域の計測は、第1胸椎棘突起と第5腰椎棘突起を結んだ線で行ないます。左右の筋肉量や柔軟性の違いによって、可動域に左右差が生じることも少なくありません。

●腰椎と胸椎

屈曲

第1胸椎棘突起と第5腰椎棘突起を結んだ線で可動域を計測する。後背部の筋肉が伸展、腹部の筋肉が収縮する。骨盤や股関節の動きが加わらないように注意する。

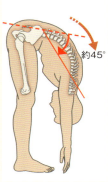

約45°

伸展

第1胸椎棘突起と第5腰椎棘突起を結んだ線で可動域を計測する。後背部の筋肉が収縮、腹部の筋肉が伸展する。骨盤や股関節の動きが加わらないように注意する。

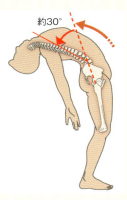

約30°

回旋

両肩の肩峰を結ぶ線の可動域を計測する。骨盤の動きが加わらないように注意する。

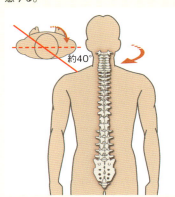

約40°

側屈

第1胸椎棘突起と第5腰椎棘突起を結んだ線で可動域を体の背面で計測する。骨盤の動きが加わらないように注意する。

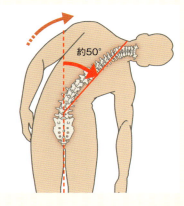

約50°

重力に逆らって体を支え続ける腰椎・胸椎の骨格と構造

脊椎は、7個の頸椎、12個の胸椎、5個の腰椎で形成され、上体の重みが一点に集中しないように、横から見て「S字構造」をしています。しかし、構造上、仙骨に接する第5腰椎にかかる負荷が大きくなります。

隣り合う椎骨の間には椎間板があり、クッションの役割を果たしています。椎骨の後方には椎弓があり、その間にある脊柱管という空洞に脊髄が通り、そこから神経根として全身に枝分かれしています。

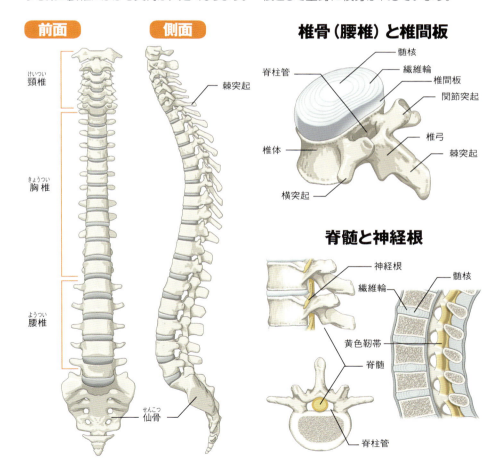

PART4　体幹部に起こりやすいスポーツ傷害

姿勢を保つために重要な役割を果たす4つのインナーマッスル

　肋骨と骨盤の間で腹部臓器があるスペースを腹腔と呼びます。腹腔には骨が存在しないため、周囲の筋肉が内臓を支えると同時に体を支えています。

　つまり、この部分を支える筋肉が姿勢を保つために重要な役割を果たしているのです。

　とくに、腹腔の外壁を形成する、①横隔膜、②腹横筋、③多裂筋、④骨盤底筋群の4つの筋肉が姿勢に影響すると考えられています。これらをまとめて「体幹深層筋」と呼ばれています。

　体幹深層筋は内臓を守ると同時に、腹直筋や脊柱起立筋（背骨の両側の筋肉）などの表層筋とともに、背骨を支えて姿勢を保ったり、体を動かす役割もあります。

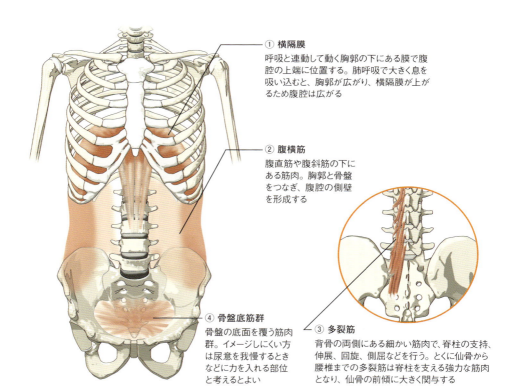

① 横隔膜
呼吸と連動して動く胸郭の下にある膜で腹腔の上端に位置する。肺呼吸で大きく息を吸い込むと、胸郭が広がり、横隔膜が上がるため腹腔は広がる

② 腹横筋
腹直筋や腹斜筋の下にある筋肉。胸郭と骨盤をつなぎ、腹腔の側壁を形成する

④ 骨盤底筋群
骨盤の底面を覆う筋肉群。イメージしにくい方は尿意を我慢するときなどに力を入れる部位と考えるとよい

③ 多裂筋
背骨の両側にある細かい筋肉で、脊柱の支持、伸展、回旋、側屈などを行う。とくに仙骨から腰椎までの多裂筋は脊柱を支える強力な筋肉となり、仙骨の前傾に大きく関与する

腰痛の8割以上は病態不明の「非特異的腰痛」と診断される

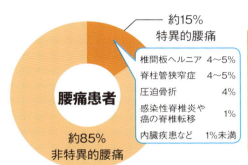

[JAMA268:760-765, 1992]

特定できる腰痛の原因

椎間板の変形に伴う腰痛
- 腰椎椎間板ヘルニア
- 腰部椎間板症
- 腰部脊柱管狭窄症
- 脊椎分離症・脊椎すべり症
- 腰椎変性すべり症

骨の変形に伴う腰痛
- 脊椎損傷・脊髄損傷
- 脊椎圧迫骨折
- 腰椎変性側弯症・脊柱側弯症
- 変形性脊椎症

病気や感染に伴う腰痛
- 化膿性・結核性脊椎炎
- 脊髄腫瘍・脊椎腫瘍
- 脊髄空洞症
- その他、内臓疾患など

　腰痛は日常にも頻繁に見られ、日本人の8割以上は腰痛を経験すると言われています。しかし、その多くは検査を受けても異常が見られず、医師の説明を受けるにとどまります。腰痛の8割はその疾患名や病名が特定できないため、疾患として認められず健常者扱いとなっている現状です。

　その他の腰痛の多くは、腰椎の椎間板や椎間関節の退行性変化（老化）によって起こるものと考えられます。これに悪い姿勢が重なると腰痛がさらに起こりやすくなります。原因が明らかなものとしては、腰椎椎間板ヘルニア、腰部脊柱管狭窄症、骨粗鬆症による圧迫骨折などで、ごくまれに癌などの悪性腫瘍の転移、化膿性脊椎炎、脊椎カリエス（結核）、圧迫骨折などの外傷が原因の場合も見かけます。

　一般的な腰痛は、1～2週間程度で痛みが和らぎますが、起き上がれないほど激しい痛みがあったり、長期間痛みが回復に向かわない、腰痛以外に足の痛みやしびれが出た場合などは、早めに脊椎脊髄病専門医の診察を受けるようにしましょう。

PART4 体幹部に起こりやすいスポーツ傷害

臀部・鼠径部・腰部・背部・腹部・胸部に起こりやすい傷害

　四肢の動きの土台となるのが腕や脚が付着している体幹部です。

　手脚の動作に伴い、そのつけ根となる肩や股関節まわりに負荷がかかるため、過負荷や疲労による傷害が起こりやすくなります。

　また、体幹をひねることでパワーを発揮する局面では、体幹に瞬間的に大きな負荷がかかります。それに耐え得る筋力が不足していたり、柔軟性に乏しいことで起こる傷害もあります。

　本章では、臀部（お尻）、鼠径部（下腹部）、腰部、背部、腹部、胸部に起こりやすい傷害を紹介していきます。

負荷がかかって起こる股関節まわりの骨の傷害

　大腿部は大きな筋肉が集まっているぶん、大きなパワーを発揮することができる。それらの大きな筋肉のほとんどが骨盤に付着している。

　その負荷に耐えられなくなったり、くり返しかかる負荷で疲労していたり、成長期で骨の付着部が安定していないと傷害のリスクも高くなる。

● 上・下前腸骨棘剥離骨折

　13～17歳の男子スポーツ選手に多く見られる傷害。骨突起部に付着している筋肉に、筋張力や伸張などで大きな負荷がかかり、筋腱付着部が剥離する。

　成長期の骨端は骨端線閉鎖まで柔らかく、骨の成長が筋力の増加に追いつかないと骨突起部に負担がかかり、剥離が起こりやすく、縫工筋の牽引により上前腸骨棘、大腿直筋の牽引により下前腸骨棘の損傷などが起こる。

症状
●上前腸骨棘剥離の場合
走っているときの動作の切り替え、加速時などに痛みを生じる
●下前腸骨棘剥離の場合
ダッシュ、キック動作、ハードルの着地時など、股関節の伸展された状態から大腿直筋が急激に収縮、伸張したときに痛みを生じる

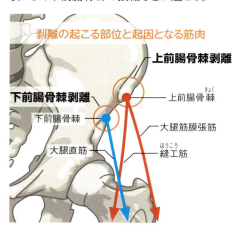

剥離の起こる部位と起因となる筋肉
・上前腸骨棘剥離 ― 上前腸骨棘（きょく）
・下前腸骨棘剥離 ― 下前腸骨棘
・大腿筋膜張筋
・大腿直筋
・縫工筋（ほうこう）

● 坐骨結節剥離骨折

14〜16歳の発育期に起こりやすく、ハードル競争、走っていて転びそうになったときに、坐骨結節部に付着するハムストリング（大腿二頭筋長頭、半腱様筋）の牽引により生じる。

受傷直後は起立や歩行ができなくなる。股関節を伸ばした状態で、ひざを曲げたところから伸ばすと軽い痛みを生じる。軽症の場合、すぐに歩行可能となるが圧痛は持続する。

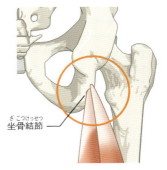

坐骨結節（右脚背部）

ざこつけっせつ
坐骨結節

● 恥骨下枝疲労骨折

長時間のランニングを要するスポーツで、骨盤へのストレスのくり返しにより生じる疲労骨折。他にも、肥満による過度の体重負荷などで生じることもある。発症すると、鼠径部、大腿部前面、臀部、腰部などに痛みを生じる。

恥骨下枝には大内転筋が付着しており、着地からの蹴り出し動作において大臀筋が股関節を外旋する力を打ち消しているが、このバランスが崩れることで骨にストレスがかかり、疲労骨折を起こす。

恥骨下枝疲労骨折は、女性ランナーなどに多く見られ、内股や下腹部に放散痛を生じ、走行不能となる。若い女性ランナーの場合、貧血、ダイエット、ホルモン異常による生理不順や無月経、骨密度の低下などが原因となることが多く見られる。

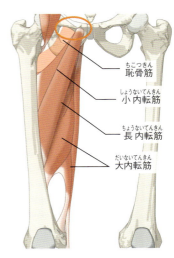

恥骨下枝（右脚前部）

ちこつきん
恥骨筋

しょうないてんきん
小内転筋

ちょうないてんきん
長内転筋

だいないてんきん
大内転筋

● 大腿骨頸部疲労骨折

骨盤の疲労骨折と同様にマラソン、サッカー、バスケットボール、野球、体操など、骨盤にくり返しストレスが加わる競技で、大腿骨頸部に引っ張りや圧迫、あるいは剪断力がくり返し働いて疲労骨折が起こる。

この大腿骨頸部疲労骨折には、圧迫型と完全型があり、若年者に多いのは圧迫型で骨折片の転位の可能性はほとんど見られない。

大腿部前面や股関節に痛みが生じることが多く、症状のある側の脚でジャンプすると痛みが誘発される。

もともと構造上、負荷のかかりやすい部位だが、姿勢や動作のアンバランスにより生じやすくなる。

鼠径周辺部痛症候群（グロインペイン症候群）

鼠径部周辺の原因を特定しにくいさまざまな傷害を総称して鼠径周辺部痛症候群（グロインペイン症候群）と呼ぶ。鼠径周辺部痛症候群には、①恥骨結合炎、②大腿内転筋付着部炎、③大腿直筋炎、④腹直筋付着部炎、⑤腸腰筋炎、⑥鼠径ヘルニアなどが含まれる。

①恥骨結合炎は、左右の恥骨を結合する軟骨円板が運動ストレスで炎症を起こす傷害。

その他の筋付着部に起こるものとして、②大腿内転筋付着部炎、③大腿直筋炎、④腹直筋付着部炎、⑤腸腰筋炎などが挙げられる。多くの場合、タックルなどのコンタクトプレーで恥骨部に打撲を受けたり、ランニングやキック動作などのくり返しによって、恥骨結合周辺や股関節、骨盤、鼠径部にストレスが加わって炎症が生じて痛みとなる。

それ以外にも、腹膜や腸の一部が鼠径部の筋膜の間から皮膚の下に出る鼠径ヘルニアもこれに含まれる。鼠径ヘルニアは「スポーツヘルニア」や「脱腸」と呼ばれ、サッカー選手のキック動作など、股関節の強い屈曲、内転、捻りが腹部に圧力を加えて起こることが多い。

鼠径部や大腿部内側に痛みが生じることが

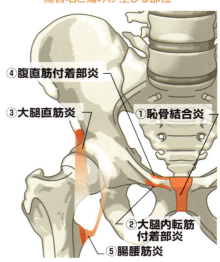

傷害名と痛みが生じる部位

④腹直筋付着部炎
③大腿直筋炎
①恥骨結合炎
②大腿内転筋付着部炎
⑤腸腰筋炎

多く、くしゃみや階段昇降で痛みが誘発されることもある。鼠径ヘルニアの場合、鼠径部や大腿部内側に違和感を生じ、柔らかいふくらみが出る。徐々に、長時間立っているのが辛い、息苦しい、鋭い痛み、お腹の突っ張り感などの症状が出る。放置するとはみ出した腸などが壊死して、命に関わることもあるので注意が必要。

臀部や仙骨まわりに起こる骨折やねん挫などの傷害

尾骨や仙腸関節は、それ自体はほとんど動かないものの、下半身を動かすときに大きな役割を果たしている。尾骨や仙骨付近の傷害はパフォーマンスに大きな影響を及ぼす。

● 尾骨骨折

尻もちなどでお尻を強打したときなどに起こる。翌朝、起きたときに腰に力が入らない症状があれば、骨折の可能性が考えられる。症状としては、触っても、動いても、くしゃみや咳などで痛み、座ったりあお向けになることもできないため、日常生活に支障をきたす。

● 仙骨疲労骨折

長距離ランナーなどに多く見られる傷害。臀部を押さえたり、片脚立ちやあぐらをかいたときに仙腸関節周辺に痛みを生じる。骨盤内の腰神経叢を刺激すると下肢の神経障害を生じることもある。

ランニングの着地時には、体重の約10倍の負担が仙骨にかかる。通常、ランナーの疲労骨折は腰椎や下腿の骨に多く見られるが、股関節周辺の筋肉バランスやランニングフォームが崩れることで、過大な負荷が仙骨にくり返しかかり、圧迫型の骨折が起こる。仙骨翼と呼ばれる仙腸関節付近に多く見られる。

仙骨に加わる力と骨折の多い部位

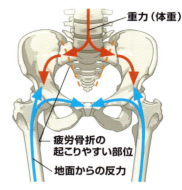

- 重力（体重）
- 疲労骨折の起こりやすい部位
- 地面からの反力

● 仙腸関節ねん挫

不意な体重のかけ方で骨盤まわりの靭帯に炎症が起こると、仙腸関節面の動きが制限される。亜脱臼に似た状態となり、炎症が引いても痛みが長びくことがある。

急性の場合、重い物を持って体を捻ったり、中腰姿勢での長時間作業などで、仙腸関節に負荷がかかることで起こる。片側だけ傷める場合が多く、腰から臀部に激痛を起こし、放置すると歩行時の違和感や腰の不快感が残る。

慢性の場合、片足荷重、立ち仕事、歩行、同一側の足組みなどの生活習慣から、仙腸関節の歪みが出て、鈍痛が長期間続く。肥満や反り腰などでも起こる。慢性期の場合、両側

仙腸関節まわりの靭帯（右臀部）

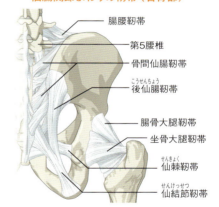

- 腸腰靭帯
- 第5腰椎
- 骨間仙腸靭帯
- 後仙腸靭帯（こうせんちょう）
- 腸骨大腿靭帯
- 坐骨大腿靭帯
- 仙棘靭帯（せんきょく）
- 仙結節靭帯（せんけっせつ）

の仙腸関節や腰のベルトより上の筋肉など広範囲に鈍痛を生じる。

● 仙腸関節炎

野球やゴルフなどのスポーツ、尻もちをついた場合など、腰周りの酷使や臀部への強い衝撃が加わることで起こる。まれに風邪などのウイルスが原因で炎症を起こすこともある。

腰からお尻にかけて痛みや熱を生じる、押すと痛む、体を動かすと痛む、股関節や下肢に痛みを生じるなど、人によって症状が異なる。初期症状が腰椎椎間板ヘルニア（P.127参照）と酷似しているが、ヘルニアの治療を受けても症状は改善されないので注意が必要。

坐骨神経痛およびその原因となることの多い傷害

坐骨神経は、人体のなかでもっとも太く長い神経。腰椎の隙間から出た第5腰神経〜第3仙骨神経からなり、骨盤をくぐって大腿後面を下行する。つまり、神経が梨状筋の下を通るまでのどこかで、圧迫や絞扼などの障害が起きたときに坐骨神経痛が発症する。

一般的には発症の原因は不明な場合も多く、年齢によっても傾向が異なるが、スポーツ傷害として若い人に多く見られるものには「腰椎椎間板ヘルニア（P.127参照）」と「梨状筋症候群（P.127参照）」がある。

症状としては、おしりから太ももやふくらはぎにかけて痛みやしびれを生じ、動き出そうとしたときなどにその症状が強く出るのが特徴とされる。

悪化すると、痛みやしびれで歩行がつらくなり、筋肉が落ちるなどの症状が現れる。冬などの寒い時期に起こりやすいのも特徴の一つと言える。

その他、年齢に関係ない原因として、脊髄腫瘍や骨盤内腫瘍などが挙げられる。

坐骨神経（右臀部）

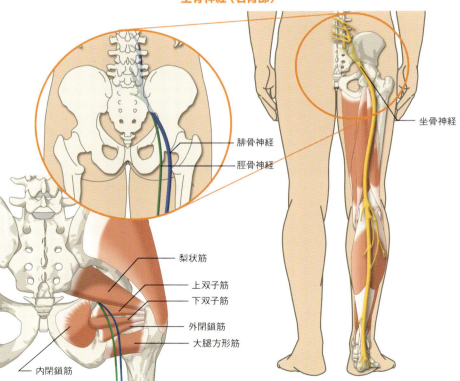

● 腰椎椎間板ヘルニア

腰椎椎間板ヘルニアは比較的急激に発症し、ほとんどの場合において片側のみに坐骨神経痛が出現する。ヘルニアの位置や大きさによっては、両側に見られることもある。

初期症状としては、同じ姿勢をとり続けることがつらく、運動能力や足の感覚が低下する。症状が進行すると、おしりから太もも裏、ふくらはぎの裏から外側にかけてしびれや痛みを感じるようになる。人によっては、夜も眠れないほどの激痛を引き起こし、さらに進行すると、足の感覚がなくなり足が冷えたり、巨大なヘルニアでは下半身の感覚低下などが起こることがある。

ヘルニアの種類はその程度に応じて、髄核が①繊維輪内に留まるもの、②椎体の後面にある後縦靭帯直下まで至るもの、③後縦靭帯

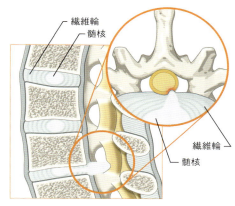

椎間板ヘルニア
繊維輪
髄核
繊維輪
髄核

を突き破って脊柱管内に至るもの、④脊柱管内に脱出した一部が遊離したもの、に分類される。30〜40歳代で多く発症し、第4/5腰椎間と第5腰椎/第1仙椎間に多く見られる。

● 腰椎椎間板症

椎間板の支持性やクッションとしての機能が低下し、周りの神経を刺激したり、靭帯、関節や筋肉に負担がかかって起こる腰痛を腰椎椎間板症と呼ぶ。

腰部に負担のかかる動作をくり返すことで椎間板が変性することが原因となる。運動時の姿勢やフォームの乱れから起こることも多い。

症状としては、身体を動かしたとき、とくに前に曲げたときに痛みが強くなることが多い。

レントゲンでは異常が認められないことも少なくなく、MRI検査が必要になる場合もある。MRIで椎間板に異常が見られても、必ずしも腰痛が出るわけではないため、腰痛が長引く場合は一度脊椎脊髄病専門医の診察を受ける必要がある。

● 梨状筋症候群

坐骨神経が梨状筋により圧迫されることで臀部から下肢にかけての痛みを生じる疾患。症状としては、臀部からひざ裏、ふくらはぎにかけて鈍い痛みやしびれを生じ、腰痛はなく、しゃがんだ姿勢で痛みのある側の股関節に体重をかけ、膝を外側に開くなどの動作で痛みが増すのが特徴。

原因としては、長時間同じ姿勢でいることによる骨盤まわりの筋肉の収縮、心理的ストレス、運動ストレス、筋力の低下などが挙げられる。ストレスがなくなったとたんに症状が軽減する例もある。

スポーツなどで負荷がかかって起こる腰痛

腰椎椎間板ヘルニア（P.127参照）など原因が特定されるものを除くと、検査をしても症状が現れない非特異的腰痛に分類される。しかし、その原因は、過負荷、オーバーユース、疲労などが多い。日ごろから、疲労をなくし、姿勢を正すことなどが予防につながる。

● 急性腰痛症（ぎっくり腰）

日常生活でも、不用意に体をひねった、重いものを中腰で持ち上げた、前傾姿勢をとったときなどに起こりやすい腰痛を、一般的に「ぎっくり腰」と呼ぶ。

受傷時に激痛が走り、前にかがんだり長く座っていると痛んだり、寒いところで仕事をしたときに痛む。腰が重く張ってだるいような痛みが続き、慢性化する場合もある。ぎっくり腰を起こしたときの痛みの程度にはかなり幅があり、ひどい場合は痛くて動けなくなることもある。海外では「魔女の一撃」などとも呼ばれている。

長時間に渡る同じ姿勢、無理な姿勢、筋肉疲労、運動不足、肥満などによる筋肉・神経・関節への急激な負荷、過度の緊張や疲れ、女性では月経時に骨盤や背骨の靱帯が緩んで起こることもある。内臓疾患等の原因がなく、レントゲン写真を撮っても異常は見られない。

通常は、運動不足などから発症するが、日ごろから運動している人でも、疲労やウォーミングアップ不足で筋肉が柔軟性を失っている、無理な姿勢で腰に大きな負荷がかかる動作をするときなどに起こりやすい。一度、ぎっくり腰になると、再発しやすくなる場合もあるので、日常生活に注意が必要。

2種類の持ち上げ動作

①前かがみ動作
上体を前に倒し、腕の力で重いものを持ち上げようとすると、腰に大きな負荷がかかるため傷めやすくなる

②しゃがみ込み動作
腰を落として下半身の力で持ち上げることで、腰にかかる負荷を軽減することができる

再発防止のための日常生活の注意点

- ●姿勢に注意する
- ●適度な運動をする
- ●急な動作を避ける
- ●肥満に注意する
- ●疲れを溜めない
- ●寒さ対策に気をつける

腹圧を入れて持ち上げることで腰にかかる負担が軽減する

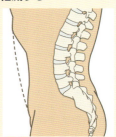

日ごろから体幹深層筋（P.120参照）が使えていないと腰椎にかかる負担が大きくなる。おへその下を凹ませるように力を入れるとこれらの筋肉を使うことができる

● 筋・筋膜性腰痛症

筋・筋膜性腰痛症は、スポーツなどが原因で起こる腰の筋膜や筋肉の損傷による腰痛の一種。ピッチング、ジャンプ、スイング、背筋の過伸展や屈曲、回旋、中腰の姿勢でのひねり動作など、無理な体勢で背筋に過剰な負担がかかることで発症することが多い。また、ゴルフなどの前傾姿勢の保持、バレーボールなどの着地時の衝撃なども腰痛の原因となる。

おもな症状は、腰椎に沿って発生する腰痛や圧痛、運動痛など。慢性の場合は、使いすぎ（オーバーユース）による疲労が原因の場合が多く、背筋の緊張が高まり、筋肉に沿った痛みが現れる。

レントゲンで見られるような骨の変化がないため、鑑別が難しい。「ぎっくり腰」の多くは筋膜が損傷したものだと考えられている。

腰椎や胸椎の骨折や骨の変形

コンタクトスポーツなどで、背骨に大きな負荷がかかることで、腰椎や胸椎の骨折が起こることもある。脊髄損傷に及ぶと神経障害などの深刻な症状が現れる。脊椎分離症などは、成長期でパフォーマンスの高いプレーヤーに起こりやすい傷害としても知られている。

● 脊椎分離症・脊椎分離すべり症

脊椎の関節突起間部で、本来つながっているべき骨の連続性が絶たれてしまう傷害。

おもな症状は腰痛となるが、運動時のみに痛むことが多いため、放置されやすい。脊椎分離すべり症に進行すると、下肢の痛みやしびれなどの神経障害が起こる。

多くは体がやわらかい中学生頃に、ジャンプや腰の回旋をくり返し行なうことで腰椎の後方部分に亀裂が入って疲労骨折が起こる。

一般的な分離症の割合は5％程度だが、スポーツ選手では30〜40％にのぼる。

腰椎の中でも、とくに第5腰椎に生じることが多く見られる。

分離症は10歳代で起こるが、それが原因となって徐々に「分離すべり症」に進行していく場合もある。分離症を放置すると、隣り合う脊椎との安定性が損なわれ、位置がずれ「脊椎分離すべり症」となる。

脊椎分離症

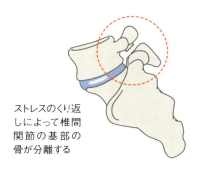

ストレスのくり返しによって椎間関節の基部の骨が分離する

脊椎分離すべり症

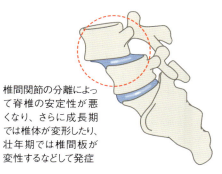

椎間関節の分離によって脊椎の安定性が悪くなり、さらに成長期では椎体が変形したり、壮年期では椎間板が変性するなどして発症

PART4　体幹部に起こりやすいスポーツ傷害

● 脊椎（腰椎）破裂骨折

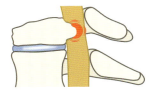
破裂骨折で起こる脊髄損傷例

　高齢者によく起こる脊椎圧迫骨折よりもさらに重度の骨折症状が「脊椎破裂骨折」。コンタクトスポーツで背骨に大きな外力が加わることで脊椎が破裂する。
　いくつかの骨片に砕ける骨折で、椎骨だけでなく椎間板などの破損を伴う場合もある。
　背骨の支持能力がなくなり、骨片が脊髄を圧迫し、激しく痛む。神経障害のある場合、足の麻痺、排尿障害や排便障害などを生じる。

体幹部の筋断裂（肉ばなれ）

　肉ばなれとは、筋肉の収縮時に急激な過伸張ストレスが加わって起こる筋線維の損傷の一般的総称（P.107参照）。医学的には筋断裂、筋膜断裂、筋損傷といい、スポーツ傷害として非常に頻度が高い症状の一つとされている。
　肉ばなれには、急性的な症状と慢性的な症状の2つのパターンがある。慢性的なものは、最初に違和感を感じ、少しずつ痛みが強くなる症状で、筋肉痛と勘違いする人も多く見られる。
　急性の場合は、いきなり激痛が走り、日常生活にも影響を及ぼすことが多い。
　筋肉にかかったストレスに耐えきれず、損傷または離開断裂を起こした際、離開した箇所に空間ができてしまって血液が溜まり内出血の症状が見られることが多い。重症の場合は、筋肉が断裂した部分が陥没したり、見た目にもわかる症状が現れることがある。
　大殿筋の筋断裂は、ダッシュのときなどに臀部の筋肉が伸展しているときに、強く収縮する力が加わることによって起こりやすい。
　軽い症状の場合、筋肉痛と混同されやすいが、発生直後から痛みを生じ、長く続く場合には肉ばなれの可能性が高いため、病院で検査を受けることが望ましい。
　腹筋の肉ばなれは、野球のフルスイング、テニスや卓球でスマッシュを打つとき、サッカーでボールを蹴るときなど、急に腹筋に力を入れた瞬間に、肉ばなれを起こすことが多い。典型的な肉ばなれは、筋肉が収縮した状態で正反対に引き伸ばされたときに生じやすく、筋肉の状態や体の体勢などによって、起こるリスクも高くなる。
　通常、腹筋の肉ばなれは腹直筋に起こること多いが、腹斜筋群（外腹斜筋、内腹斜筋）や腹横筋でも起こることがある。
　一度、肉ばなれを起こすと、再発しやすくなるとも言われるので、予防をしておくことが大切となる。
　一般的に、筋肉の柔軟性が乏しいと肉ばなれを起こしやすいため、いきなり激しいスポーツを行なうことを避け、ウォーミングアップやストレッチで柔軟性や筋温を高めてから強度の高い運動を行なうことが大切。

胸部に起こりやすい傷害

胸部に多いのは肋骨や肋軟骨の骨折。多くの場合はコンタクトスポーツで大きな外力が加わって起こるが、オーバーユースによる疲労骨折が起こるケースも少なくない。

その他、肋間筋痛や大胸筋痛などの筋肉の傷害、胸郭出口症候群などが挙げられる。

● 肋骨骨折・肋軟骨骨折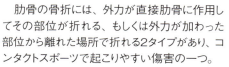

肋骨の骨折には、外力が直接肋骨に作用してその部位が折れる、もしくは外力が加わった部位から離れた場所で折れる2タイプがあり、コンタクトスポーツで起こりやすい傷害の一つ。

重度の場合、前者では肺損傷、後者では心・大血管損傷する可能性が高いとされている。また、好発部位は第4〜8肋骨で、それより上部の肋骨骨折では胸郭の出口付近の血管損傷、下部は臓器損傷を起こしやすい。

骨折を起こすと、患部の痛み、腫脹、皮下出血などが現れ、圧迫すると骨がきしむ音が生じる場合もある。呼吸で痛みが強まるため、胸郭があまり動かない体を曲げた姿勢をとることが多くなる。

一般に、若年層は肋骨に弾性があるため骨折を起こしにくいとされている。

● 肋骨疲労骨折

素振りなどのし過ぎや、胸部の打撲や圧迫などで起こる傷害。20〜50歳くらいまでの女性の場合、咳で疲労骨折が起こることもある。

野球やゴルフのスイングで骨折する場合、練習量が急激に増えたり、疲労が残っているときに、体幹部側面の外腹斜筋の肋骨付着部に強いストレスが加わって起こる。とくに第4肋骨と第5肋骨に多く見られるのが特徴。

深呼吸、咳、くしゃみなどが患部に響き痛みを生じる、スイング動作でわき腹が痛むなどの症状が現れる。肺に損傷がある場合、呼吸困難になる。

疲労骨折の頻発部位（外腹斜筋付着部）

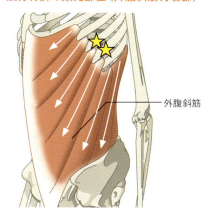

外腹斜筋

● 胸骨骨折

コンタクトスポーツなどで大きな外力が前胸部に作用した場合に起こり、重度の場合、骨折の際に心挫傷（外力による心臓の損傷）や心破裂を起こすことがある。

一般的に横骨折で骨折部の尾側骨片が頭側骨片の下に潜り込むことが多く見られる。

胸部の中央に痛み、腫脹などが現れる。痛みはそれほど強くないことが多い。

● 肋間筋痛（肋間筋剥離）

肋骨間には、表層には外肋間筋、深層には内肋間筋がある。それらの肋間筋の肋骨付着部分の一部が無理に引き離される。

野球やゴルフのスイングのし過ぎなどで起こるが、突然の咳、寝返り、歩行中に足を踏み外すなど、ちょっとした動作で起こることもある。

深呼吸や咳などで痛みが強くなるため、微熱などがあると胸膜炎と間違われやすくなる。肋間筋痛の場合、痛みが一箇所に限定していることで、胸膜炎と区別できる。

外肋間筋と内肋間筋

表層 外肋間筋　**深層** 内肋間筋

外肋間筋が収縮して内肋間筋が弛緩することで肋骨が引き上げられ、胸郭が前後に膨らむ。逆に、内肋間筋が収縮して外肋間筋が弛緩することで、肋骨が押し下げられて胸郭が左右に広がる

● 大胸筋痛

テニスやゴルフのような運動や重作業で胸筋を使いすぎたり、過度に大胸筋を伸ばして筋膜を傷めたときなどに起こる。

症状としては、胸筋を下に強く引くと強い痛みを生じる。傷んだ筋の近くで痙攣が起こる場合もある。

● 胸郭出口症候群

腕神経叢、鎖骨下動脈、鎖骨下静脈が、胸郭出口付近で圧迫・牽引されることで起きる症状の総称で、20～30歳くらいのなで肩の女性に多く見られる。

首の筋肉である前斜角筋や中斜角筋で圧迫される場合を斜角筋症候群、鎖骨と第1肋骨の間で圧迫される場合を肋鎖症候群、小胸筋を通る部分で圧迫される場合を小胸筋（過外転）症候群、頚椎にある余分な肋骨で圧迫される場合を頚肋症候群と呼ぶ。

先天的なものを除くと、スポーツや事務作業などでの不良姿勢の継続、ストレス、冷え性などの原因で起こる。

手や腕のしびれや痛み、肩凝り、手が冷たく感じるなど。腕を上げたり、長時間のデスクワークなどで症状が悪化する。

胸郭出口付近の構造

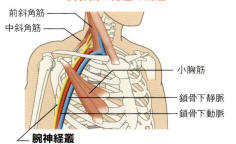

前斜角筋／中斜角筋／小胸筋／鎖骨下静脈／鎖骨下動脈／腕神経叢

頚部からの第5～8頚神経と第1胸神経が鎖骨と腋窩部を通って上肢に向かう間に腕神経叢を形成。肩甲部や上肢の知覚と運動を支配する

Part 5

頚部・頭部に起こりやすいスポーツ傷害

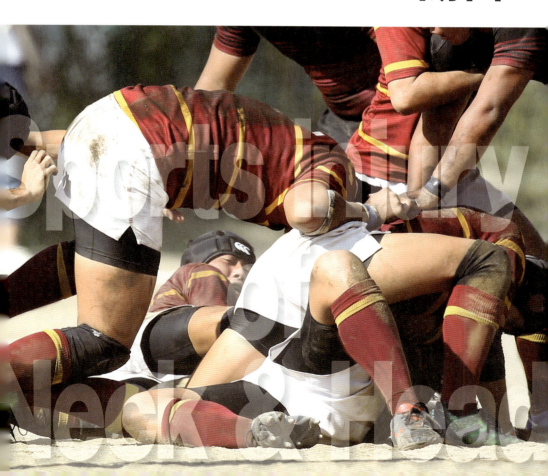

PART5　頚部・頭部に起こりやすいスポーツ傷害

選手生命にかかわる大ケガに つながりやすい頚部・頭部の傷害

**頚部には四肢の運動に大きく関わる神経が集中しているだけに
頚部や頭部の傷害は大事故につながりやすいので要注意だ。**

　頚部や頭部外傷の多くは自動車事故などで起こりますが、コンタクトスポーツや競技中の事故などの原因で起こることも少なくありません。

　頚椎は7つの骨で構成され、成人で約5～6kgと言われる頭部をつねに支えるため、少し前弯（前方凸の曲がり）しています。

　頚椎には、四肢の動作を支配する頚髄と呼ばれる神経が通っているため、頚部を傷めることで様々な症状が現れます。

　また、頚部の挫傷（頚椎捻挫）を起こすと、X線検査で異常が認められなくても、長期間にわたって頚部痛、肩こり、頭痛、めまい、手のしびれなどの症状が現れます。「むち打ち症」、「外傷性低髄液圧症候群」、「外傷性髄液減少症」など、曖昧な病名が付いていることも少なくありません。

　頭部は脳を守るため、硬く分厚い頭蓋骨によって守られています。その内部は髄液で満たされた組織の層（髄膜）に覆われて、脳を守るクッションの役目を果たしています。

　頭部外傷には、頭皮の外傷、頭蓋骨骨折、脳しんとう、脳挫傷、脳裂傷、脳の内部や脳と頭蓋骨との間に血液がたまる頭蓋内血腫、脳全体の神経細胞が損傷するびまん性軸索損傷、脳を覆う層と層の間に出血するくも膜下出血などがありますが、本書では脳の傷害を除く、頭蓋骨骨折を紹介していきます。

本章で対象となる部位
- 頚部（首）
- 顔部
- 頭部

頚部・頭部の傷害のおもな原因

① 大きな外力が加わる

　頚部や頭部の傷害の多くは、衝突や転倒によって、首や頭に大きな外力が加わることで起こります。

　頭部には硬い頭蓋骨があるため、打撲時に頭皮の外傷や頭にこぶができることが多く見られます。頭皮の表面近くには多くの血管があるため、頭皮が切れると大量に出血します。そのため、頭皮の外傷は実際以上に深刻に見えるのも特徴のひとつです。

　さらに強い力が加わることで骨折が起こります。ラグビー、サッカーのヘディングの競り合いなどのコンタクトスポーツや、野球のデッドボールや交錯時や転倒時など、どのスポーツでも起こり得る傷害です。

　また、脳しんとうなどは尻もちをついて起こることもあるので注意が必要です。

　頚部の外傷はラグビーやアメリカンフットボール、格闘技などのコンタクトスポーツで発生

することが多く見られますが、水泳の飛び込みでプールの底に頭を打ちつけたり、器械体操などで着地を失敗したときなどに起こるケースも少なくありません。

　その症状は程度によってまちまちで、軽度のものから、重篤な麻痺を生ずるものまで様々な段階が存在します。直接的な首への衝撃で受傷することもありますが、頭部に大きな衝撃が加わることで起こるケースが多く見られます。

② 継続的にかかる負荷からの疲労

　スポーツに限らず、日常生活のなかでもあくびや寝返りをしたときなど、ひょんなことで首を傷めることも少なくありません。

　その原因の多くは筋肉疲労。筋肉に疲労が蓄積すると、筋肉は硬くなり、筋肉の間にある血管が圧迫されて血行不良が起こります。一般的に「こり」と呼ばれる状態になります。

　首はつねに頭を支えているため、同じ姿勢を長時間とり続けたり、素振りなどを多くくり返すことで頚部に疲労がたまります。運動をする前のウォーミングアップはもちろん、ストレッチなどで疲労をとり除いておくことが大切です。

③ その他の原因

　傷害とは直接関係なくとも、姿勢やフォームの乱れが原因となって傷害が起こることも少なくありません。日ごろから姿勢が悪く首に負荷がかかることで、疲労がたまりやすく傷めやすくなります。

　また、姿勢によるバランスの乱れなどがあると、転倒のリスクが高まります。とくにラグビーやレスリングなどで、姿勢の悪いことでタックルのときなどに頭が下がってしまうと首を傷めるリスクが高くなります。

135

スポーツ別 起こりやすい傷害の種類と傾向

 野球

頭部へのデッドボールや打球の激突による顔面の骨折。選手同士の交錯時や、ベンチなどへの衝突で起こる傷害。ピッチングや素振りなどによる首のこりがあると頚部痛を起こすリスクが高くなる。

 テニス

ストローク動作のくり返しによる疲労から起こる頚部痛など。ボールが目に当たることで顔面の骨折を起こすこともある。相手プレーヤーとのコンタクトはないため、頭部の骨折などは起こりにくい。

 バレーボール

肩まわりの筋肉の疲労が蓄積することで起こる頚部痛。転倒時にバランスを崩して床に頭を強打したときの脳しんとうなど。

 柔道／レスリング

受け身をとれずに頭部から落下したり、タックル時に頭が下がることで起こる頚部の傷害。相手の頭部と当たることで起こる頭部の骨折や脳しんとうなど。

 サッカー

ヘディングの競り合いなどによるコンタクトプレー、選手同士の衝突で起こる頭部や顔面の骨折や頚部の傷害、脳しんとうなど。空中での交錯やゴールキーパーとの接触時に起こりやすい。

 バスケットボール

選手同士の交錯や、コート外の設置物への衝突によって起こる頭部や頚部の傷害。腰を落として前を見る姿勢を続けることによる頚部の疲労蓄積で起こる頚部痛。

 陸上競技

跳躍競技の着地や転倒時にバランスを崩して頭部から落ちたときの頚部の傷害や脳しんとう。種目によっては転倒時に器具などに衝突して骨折が起こることもある。

 ラグビー／アメリカンフットボール

タックル時の衝撃や頭部を打ちつけることで起こる頚部の傷害や、頭部や顔面を打ちつけることで起こる骨折や脳しんとう。スクラムが崩れたときに首を傷めることも多い。

本章で扱う部位の解剖と名称

●頚部の骨格

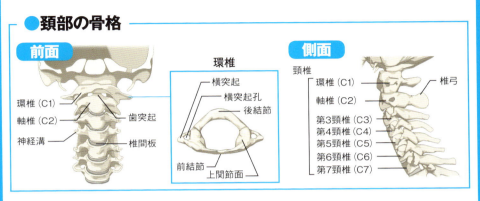

●頭部の骨格

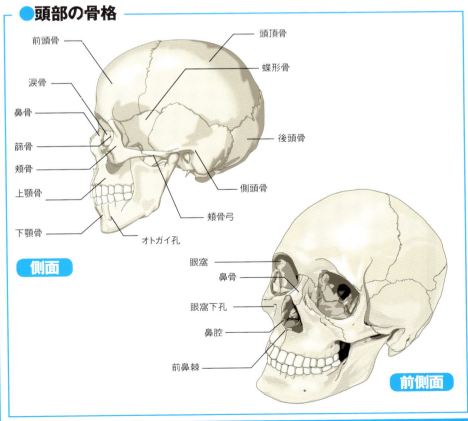

PART5　頚部・頭部に起こりやすいスポーツ傷害

●頚部の筋肉

前面

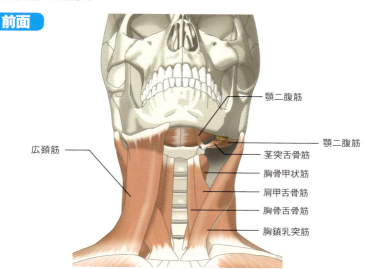

- 顎二腹筋
- 顎二腹筋
- 茎突舌骨筋
- 胸骨甲状筋
- 肩甲舌骨筋
- 胸骨舌骨筋
- 胸鎖乳突筋
- 広頚筋

背面表層　　背面深層

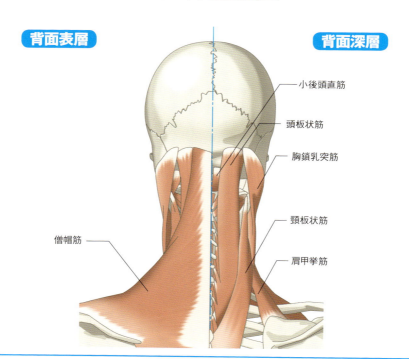

- 小後頭直筋
- 頭板状筋
- 胸鎖乳突筋
- 頚板状筋
- 肩甲挙筋
- 僧帽筋

138

完治の目安となる頚部の正常可動域

首の可動域は7つの頚椎の動きで決まるため、可動域の計測は、第1頚椎棘突起と第7頚椎棘突起を結んだ線を垂直に保った姿勢で行ないます。左右の筋肉量や柔軟性の違いによって可動域に左右差が生じることもあります。

●首（頚椎）

前屈・後屈

首を前屈する（屈曲）、後屈（伸展）角度は、横から見て耳孔と頭頂を結んだ線の、肩関節中心（肩峰部）からの移動角度を測定する。

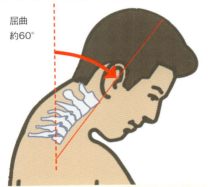

回旋

頭頂から見た鼻と後頭結節との結合線を結んだ線の可動域を計測する。

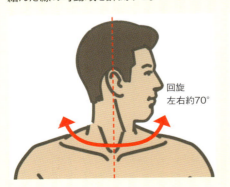

側屈

第7頚椎と第5頚椎を結んだ線が垂線となす角度を測定する。

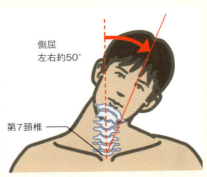

PART5　頚部・頭部に起こりやすいスポーツ傷害

首には頚髄から分岐する多くの神経が末梢神経へと伸びている

　脊椎の上部にある7個の頚椎で首が形成されます。頚椎の構造も、脊椎を構成する他の椎骨と同じで、後方の棘突起と横突起に囲まれた脊柱管に頚髄が通っています。

　脳と脊髄の中枢神経は、身体にとって大切な神経であるため、頭蓋骨、椎骨などの骨によって保護されています。脊柱管の前側の部分は椎体、椎間板、後縦靭帯からできており、脊柱管の後ろ側の部分は椎弓と黄色靭帯でできています。頚髄は筒状の硬膜とくも膜に包まれていますが、くも膜と頚髄の間はくも膜下腔と呼ばれ、脳脊髄液で満たされています。

　第1頚椎と第2頚椎は特殊な形をしているため、それぞれ環椎、軸椎と呼ばれてい

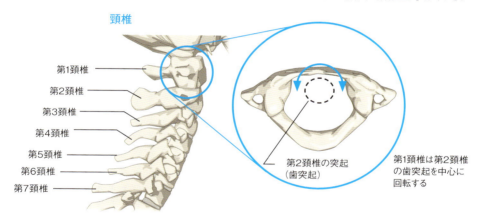

頚椎

第1頚椎
第2頚椎
第3頚椎
第4頚椎
第5頚椎
第6頚椎
第7頚椎

第2頚椎の突起（歯突起）

第1頚椎は第2頚椎の歯突起を中心に回転する

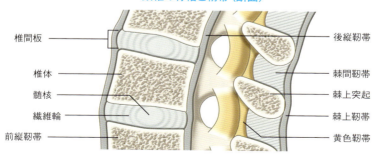

頚椎の骨格と靭帯（断面）

椎間板
椎体
髄核
繊維輪
前縦靭帯

後縦靭帯
棘間靭帯
棘上突起
棘上靭帯
黄色靭帯

ます。首を左右に回す動きの大部分は、環椎が軸椎の突起（歯突起）を中心に回転することで行なわれています。

　第2頸椎から第7頸椎は隣り合う椎骨の間に椎間板が存在し、クッションの役割を果たしています。

　頸髄は脳からの指令を手足に伝え、手足からの情報を脳に伝えます。また、内臓や血管の活動、呼吸などをコントロールする自律神経も頸髄を介して伝達されます。

　頸髄に傷害が起きると、手足がしびれ、手や腕の動きの異常、歩行障害、排尿障害などの麻痺症状が現れます。

　また、頸髄からは体の表面や臓器に分布する末梢神経（頸髄神経）が枝分かれし、脊柱管の外へ伸び、後頭部から首、腕、手指などに伸びています。

　頸髄神経は、それぞれ分布する領域が決まっているため、感覚障害を生じている部位がどこかを調べることで、どの頸髄神経に障害が起きているかが推測できます。しびれや脱力感が広い範囲に及ぶ場合は、頸髄の傷害が疑われます。

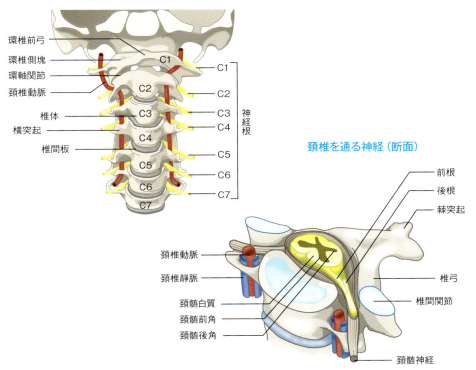

頸椎を通る神経（正面）

頸椎を通る神経（断面）

PART5　頚部・頭部に起こりやすいスポーツ傷害

頚部・頭部に起こりやすい傷害

コンタクトスポーツや衝突や転倒などのアクシデントで起こるのが頚部や頭部の障害です。軽度のものであれば問題ありませんが、頚髄や脳に損傷が及ぶと、競技生命を絶たれる深刻な障害を残すこともあります。

頚椎の骨折や脱臼

頚椎に大きなエネルギーが加わることで、骨折や脱臼が起こる。このとき、頚髄の損傷を起こすと体に麻痺が生じます。損傷程度はフランケル分類もしくはASIA分類で区別され、それぞれ麻痺が重い完全麻痺から、麻痺の軽い不全麻痺へ5段階の評価方法とされている。

● 頚椎・頚髄損傷

コンタクトプレーや転倒などで、頚部に大きな外力が加わると椎骨がずれたり（脱臼）、つぶれる（骨折）する傷害を総称して「頚椎損傷」と呼び、頚椎の中を通る頚髄の損傷を伴うことも多い。

ラグビーのタックルやスクラムが崩れる、水泳で浅めのプールに飛込んでプールの底で頭をぶつける、スキーや体操などで頭から転倒したときなど、頚椎が過伸展して頚髄が挟み込まれることで発生する。

首の痛みなどとともに、症状が下肢に及ぶことが特徴。受傷後に不用意に首を動かすと、損傷した頚椎がさらにずれて症状が悪化することがあるので注意が必要。重傷例では、受傷直後より上下肢の麻痺を生じ、横隔膜の麻痺による呼吸障害、自律神経の麻痺による低血圧や徐脈を生じ、ショック状態に陥ることもある。スポーツ選手生命どころか社会的生命まで絶たれてしまうこともある。

リハビリテーションで症状の若干の改善は見込めるものの、麻痺は永続的で残存機能のリハビリテーションが中心となる。

スポーツ傷害として起こりうる現場では、選手と指導者の双方が正しい知識を身につけ、正しいプレーの指導や習得をすることが予防につながる。あまりにも実力や体力に差のある選手同士のコンタクトや、疲労が蓄積した状態でのコンタクトなどは避けると同時に、やみくもに恐怖感を持たせると危険なので、正しいプレーを身につけることも大切となる。

頚椎の骨折例（第7頚椎棘突起骨折）

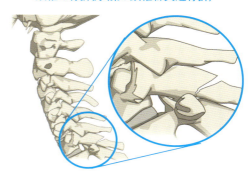

頚椎の骨折例（第6頚椎椎体骨折）

頚椎の脱臼例（第5頚椎）

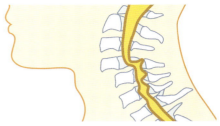

損傷程度の分類例（フランケル分類）

レベル	分類	細分化
A	**Complete：完全麻痺** 損傷部以下の運動・知覚完全麻痺	● 運動・知覚完全麻痺 ● 仙髄の知覚脱出・肛門括約筋 完全麻痺
B	**Sensory only：運動喪失・知覚残存** 損傷部以下の運動は完全麻痺、仙髄域など知覚が残存（下肢自動運動、感覚なし）	B1 触覚残存（仙髄領域のみ） B2 触覚残存（仙髄及び下肢にも残存する） B3 痛覚残存（仙髄あるいは下肢）
C	**Motor useless：運動不全** 損傷部以下に僅かな随意運動機能残存、実用的な運動は不能（歩行不能）	C1 下肢筋力1・2（仰臥位で膝立てができない） C2 下肢筋力3程度（仰臥位で膝立てができる）
D	**Motor useful：実用的運動機能残存** 損傷部以下に随意運動残存、補装具の要否に関わらず歩行可能	D0 下肢筋力4・5あり 歩行できそうだが急性期のため正確な判定困難 D1 屋内平地で10m以上歩ける（歩行器・装具・杖を利用可能）、屋外・階段は困難で日常的には車椅子を併用 ※10m以下の歩行であれば（C2）と判定 D2 杖・下肢装具など必要だが屋外歩行も安定し車椅子不要（杖独歩例）。杖・下肢装具など不要で歩行は安定しているが、上肢機能が悪く入浴や衣服着脱などに部分介助が必要（中心性損傷例） D3 筋力低下、感覚低下はあるが独歩で上肢機能も含めて日常生活に介助不要（独歩自立例）
E	**Recovery：回復** 運動・知覚麻痺、膀胱・直腸機能障害なし（深部反射の亢進異常も含む）。正常	● 神経学的脱落所見なし（自覚的痺れ感・反射の亢進あり）

頸椎の神経に影響を及ぼす傷害

頸椎や椎間板の機能が破綻することで起きる頸部痛や肩こりなどの局所の症状は、頸椎の加齢変化などでも起きるため、この病気に特有の症状とは言えない。

スポーツ傷害で起こる症状としては、手足のしびれや痛みや脱力などがおもなものとなる。

● 頸椎椎間板ヘルニア

頸椎は7個の椎骨で構成されているが、椎間板が存在するのは第2頸椎（軸椎）以下となる。これらの椎間板は椎骨間で衝撃を吸収してクッションの役割を果たしている。その表面が破れて内部の髄核が飛び出すことを「椎間板ヘルニア」と呼ぶ。ラグビーなどのコンタクトスポーツ選手に多く見られる傷害。

椎間板機能の異常は頸部痛などを引き起こすが、飛び出した髄核が頸椎内部の脊髄や神経根などの神経組織を圧迫すると、手足のしびれや痛み、運動麻痺など、さまざまな神経症状を引き起こす。

その原因はさまざまでスポーツ傷害としては、椎間板に高い圧がかかったり、運動負荷などが影響して起こると考えられる。

ヘルニアによって頸髄が圧迫されると、圧迫される部位や程度によって、症状が出る部位や程度が異なるが、手足の先端の強いしびれ、手指の細かな動作や握力の低下、足が前に出にくくなって歩幅が狭くなる、階段の昇り降りがしずらい（痙性歩行）などの症状が現れる。

その一方で、脊髄から枝分かれした頸随神経（神経根）が圧迫されると、頸部痛と片側の上肢にのみ症状が現れる。とくに、頸椎の位置や動きで上肢の痛みやしびれ感が変化するのが特徴で、とくに上を向く動作、咳、くしゃみなどで症状が増強する。

頸部痛や肩こりだけなら、まずは市販の鎮痛薬や湿布などで様子をみてもよいが、強い頸部痛が続いたり、手足の症状に気づいた場合は、頸部の安静を保って整形外科を受診することが大切。マッサージなどで不用意に頸部に外力を加えてしまうと症状を悪化させることがあるので注意が必要。

頸椎椎間板ヘルニアの起こる部位と症状

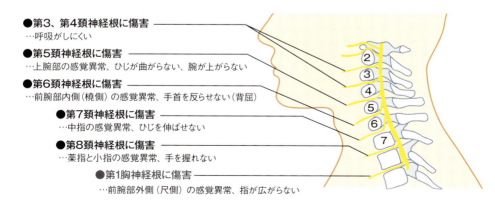

上肢の動きを支配する神経（C4～C8）

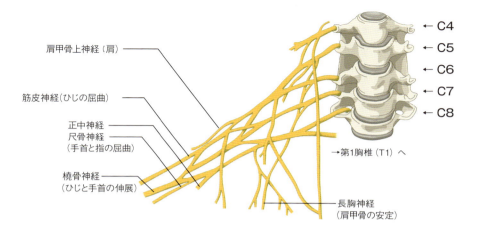

● 頚椎症（頚部脊椎症）

　頚椎が変形する病気を頚椎症と呼び、頚椎症によって頚髄が圧迫される傷害を「頚椎症性脊髄症（頚髄症）」、首から手先までつながる神経根が圧迫されて症状が出現する傷害を「頚椎症性神経根症」と呼ぶ。
　頚椎から上肢にかけての放散痛、しびれ、灼熱感などの症状が現れる。
　何が原因で重症化しやすいのかなどについて、今のところ詳しいことはわかっていないが、下向きでの作業や、首を反らす姿勢のくり返しなども原因の一つと言われている。頚椎ヘルニアなどと併せて、代表的な首の傷害とされている。

● バーナーペイン

　ラグビー、アメリカンフットボール、相撲などのコンタクトスポーツ競技や転倒などの事故で、頚部や肩に大きな衝撃が加わったときに、頚部から上肢にかけて生じる電撃痛や焼けるような痛みをバーナーペインと呼ぶ。
　その原因としては、頚椎椎間板ヘルニア、腕神経叢（P.75参照）が衝撃により伸ばされたり圧迫される、頚部の脊髄神経根が椎間孔で椎骨の間に挟まれるなどが考えられている。通常は短期間で症状がなくなる軽いものが多く、数日から2週間位の期間で症状が改善する。
　適切な診断さえつけば、リハビリテーション、スポーツなどのプレースタイルの改善、肩甲骨周囲の筋力アップ等で克服できるものが多いとされているが、ごくまれに重傷な頚椎椎間板ヘルニアなどで手術治療が必要な場合もある。
　スポーツ選手の場合、バーナーペインの多くは一時的な症状であることから、医療機関を受診しないことも多いが、早期発見早期治療が必要なケースもあるので、症状が続く場合は医師の診察を受けることが大切。

頭部や顔面の骨折

頭蓋骨の骨折は、損傷部位によって頭蓋円蓋部骨折と頭蓋底骨折の2つに分類され、前者はさらに「線状骨折」と「陥没骨折」の2つに分類される。

頭蓋底骨折は一般に交通事故や転落事故などの重症の頭部外傷に伴うことが多いため、本書ではスポーツ傷害として頭蓋円蓋部骨折のみ紹介する。

その他、コンタクトプレーなどで起こりやすい顔面の骨折についてもここで紹介しよう。

● 頭蓋円蓋部線状骨折

頭蓋骨線状骨折は頭蓋骨に線のようなヒビが入る骨折のこと。骨折した部分に打撲のような痛みや腫れなどの症状が現れる。

原因は、外部からの衝撃によってひびが入るものがほとんど。ヘディングの競り合いやコンタクトスポーツで激しく頭を打ちつけたときなどに生じる。

頭蓋内血腫の発生に注意が必要。とくに中硬膜動脈や静脈洞を横断する骨折がある場合は硬膜外血腫が発生することもある。

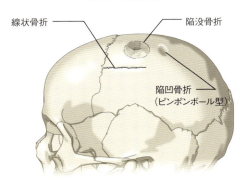

頭蓋円蓋部骨折
線状骨折 ─── 陥没骨折
陥凹骨折（ピンポンボール型）

● 頭蓋円蓋部陥没骨折

頭蓋骨陥没骨折は、転倒やコンタクトプレー時に比較的鋭利なものがぶつかったことが原因で起こる。頭痛、嘔吐、ショック状態、意識障害などの症状が現れる。

陥没骨折は頭蓋の内側（内腔）に向けて陥没した骨折での、不全骨折を陥凹骨折、完全に連続性を失った場合を陥没骨折と呼ぶ。子どもの場合、連続性を保ったまま一部陥凹する「ピンポンボール型」や、変形性の「ダービーハット型」と呼ばれる形になることが多く見られる。

① 前頭骨骨折

転倒、転落、殴打などを原因として生じるのが額の骨折。額、眉間、眉毛部などの挫創や陥凹変形を生じ、骨折部からの出血が鼻腔や口腔内に入ると鼻血や血痰などの症状が現れる。

外力が強く骨折が外側の眼窩壁にまで及ぶと瞼や眼球の運動障害、頭蓋内に損傷が及ぶと髄液の漏出などの合併症が生じることがある。

眉間部の骨折で頭蓋内（硬膜・脳実質）に損傷が及んだ場合、処置が適切に行なわれないと、受傷後十数年を経過してから前頭洞粘液嚢腫、前頭洞膿腫、前頭洞炎を発症し、眼球の偏位や皮膚に孔が開いて膿が排出することもある。

前頭骨、頬骨、眼窩床の骨折

① 前頭骨骨折
陥没骨折をすることが多く、額・眉間・眉毛部の挫創や陥凹変形が現れる

③ 眼窩床骨折
眼部に外力が加わったときの歪みや圧力で起こる眼窩壁の鼻側〜下壁（床）の薄い骨の骨折

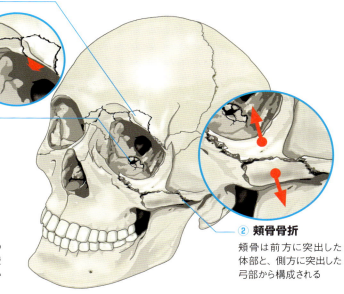

② 頬骨骨折
頬骨は前方に突出した体部と、側方に突出した弓部から構成される

② 頬骨骨折

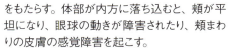

　頬骨の骨折は、転倒などの外力を受けることで、上顎骨や頭蓋骨との境目に弱い部分が分離する形で起こることが多い。眼球を保護する壁の一部になる体部を骨折すると眼の機能障害をもたらすこともある。

　体部骨折では、隣り合った骨との接合部（縫合線）で骨折が起こることで、体部全体が転位することが多く、放置することで顔面に変形をもたらす。体部が内方に落ち込むと、頬が平坦になり、眼球の動きが障害されたり、頬まわりの皮膚の感覚障害を起こす。

　弓部に直接外力が加わることで頬骨弓部単独骨折が起こると、顔の側面が凹み、眼の症状や感覚障害は起こらないが、下顎骨に付着する側頭筋に食い込むと、口が開かなくなることもある。

③ 眼窩床骨折（ブローアウト骨折）

　眼部にひざ、野球のボール、手拳などが当たったときに見られる特殊な顔面骨折。

　眼窩（眼球を入れる骨の窪み）の入り口は比較的丈夫だが、その奥にある眼窩壁の鼻側〜下壁の骨は薄いため、ボールなどの強い圧力が加わると眼窩壁のみの骨折が起こる。

　骨折に伴って、眼球陥没、複視（物が二重に見える）、視覚障害から起こる吐き気、頬から上口唇のしびれなどの症状が現れる。

　鼻をかむと血液の混じった鼻水が出るが、骨折部から眼の周囲組織に空気が入ると視力障害の恐れがあるので、鼻をかまないことが大切。

PART5 頚部・頭部に起こりやすいスポーツ傷害

● 鼻骨骨折

鼻骨は、鼻中隔とともに鼻の上半分を形成する薄い骨のため、ひじが当たった程度の比較的弱い力でも簡単に骨折することがある。

ほとんどの場合、骨折に伴う鼻血が出て、指で押さえたときに強い痛みを生じる。受傷直後に鼻すじの部分が「く」の字型に曲がったり、凹みが生じても、しばらくすると腫れでわからなくなってしまうため、骨折を確定するにはレントゲンやCTの撮影が必要となる。

放置すると、そのままの形で骨が癒合して、見た目が悪いだけでなく、鼻の通りも悪くなる場合もある。骨は通常1〜2週間で癒合するので、腫れが強い場合を除いて、なるべく早めに折れた骨を元の位置に戻す必要がある。

● 鼻篩骨骨折

顔を強く打ったときなど、鼻骨だけでなく、その奥にある篩骨（両眼の間の骨）も併せて折れることがある。

篩骨には瞼が付着している突起や涙を鼻に流している孔があるため、骨折が起こると目の形が変わったり、涙が止まらなくなったり、鼻骨骨折に伴って鼻すじも強く凹む。その他、骨折部の痛みや鼻血などの症状が現れる。

● 下顎骨骨折

下顎骨骨折は顔面下部の外傷（とくに鈍的外傷）により発生する。下顎骨は、顔面骨の中で関節を有する唯一の骨であるため、骨折もいくつかの種類に分類される。衝撃を受けた部位が骨折する直接型、その反対側が骨折する間接型の2種類がある。

骨折部の痛みや腫れ、皮下出血、開口障害および咬合不全（歯のかみ合わせの障害）、下顎の変形、歯列の不整などの症状が現れる。

鼻骨骨折と篩骨骨折

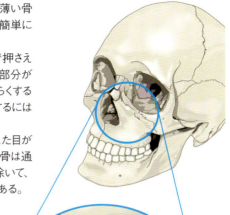

下顎骨の部位別の骨折頻度

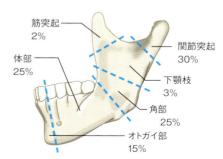

● 上顎骨骨折

上顎骨骨折は顔面中央部の外傷（とくに鈍的外傷）によって発生する。上顎骨は鼻骨の外側から上顎歯槽部に至るため、衝撃の部位により骨折の形態が異なる。

上顎骨の下半分が骨折する「ルフォーⅠ型骨折」、鼻骨複合体を含めて骨折する「ルフォーⅡ型骨折」、頬骨をも含め顔面中央部が頭蓋骨と離断される「ルフォーⅢ型骨折」、上顎骨が正中部で離断された「矢状骨折」に分類される。しかし、実際には骨折の型はまちまちで、左右が別々に骨折していることも多い。

骨折部の痛みや腫れ、皮下出血、開口障害および咬合不全（歯のかみ合わせの障害）、鼻の変形や偏位、鼻閉感などが生じる。眼窩周囲の骨折では、眼球陥凹、複視など。ルフォーⅡ型とⅢ型では髄液漏を起こすこともある。

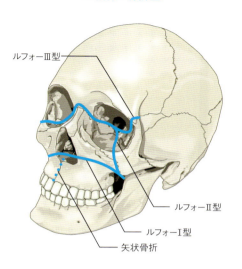

上顎骨の骨折型
ルフォーⅢ型
ルフォーⅡ型
ルフォーⅠ型
矢状骨折

頭部や顔面に起こるその他の傷害

顔面部に骨折が起こり、骨の変位が起こって、涙道、唾液腺、顔面神経などに何らかの障害が起こることも少なくない。とくに、顔面神経に異常を来すと約20種類ほどある表情筋の動きに影響が出て、該当部位が動かなくなる。

顔面神経の切断が疑われる場合は切断された神経を手術で縫合するが、通常、機能を回復するには数ヶ月を要する。

● 涙道損傷

涙が過剰に分泌されるときに、鼻腔へ排出される経路を「涙道」と呼ぶ。通常、過剰な涙は、目がしら付近にある涙点から吸収され、内眼角皮下の涙小管→眼窩下壁の窪み（涙嚢）→上顎骨内の鼻涙管の経路で鼻腔に排出される。骨折などの外傷によってこの経路が絶たれると、目がしら（内眼角）付近から涙がこぼれ、鼻背から頬を伝って落ちる。

涙には眼球の乾燥防止や眼瞼結膜の清浄化作用があるため、涙道を損傷すると眼脂がたまって結膜炎を起こしやすくなる。結膜炎が生じて涙腺が刺激されると、さらに涙液が分泌されて流涙が増す悪循環が生じる。目がしらの深い切り傷で涙小管の損傷、上顎骨の骨折時の転位で鼻涙管の損傷が起こることが多い。

とくに、下眼瞼からの下部涙小管が涙小管機能のほとんどを担っているため、下部涙小管損傷が治療対象となる。損傷が見逃されると、管の再建が困難になるため、初期治療での再建が大切。

● 顔面神経損傷

人間のすべての表情は、顔面の皮下に存在する表情筋と呼ばれる筋肉群の働きによるもの。

眉毛、眼瞼、口唇など、動かす部位によって作用する表情筋は異なり、その約20種類ほどの表情筋のすべてが、1本の顔面神経から分枝した神経によって支配されている。

骨折の転位や切り傷などによって、顔面神経が何らかの傷害を受けると、損傷部位や程度によって、眉が動かない、眼瞼を閉じることができない、口元を動かして笑えないなどの「顔面神経麻痺」の症状が起こる。

顔面神経の分布と支配する筋肉

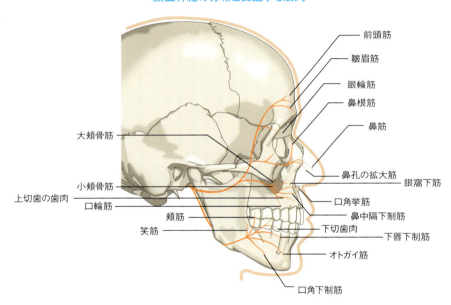

● 唾液腺損傷

唾液を分泌するための唾液腺には耳下腺、顎下腺、舌下腺の3つがある。耳下腺は頬部にあり、耳下腺管は上顎第2大臼歯に相当する頬粘膜部に開口し、顎下腺と舌下腺は下顎部にあり口腔底に開口する。

唾液腺が損傷を受けると、その切り口が皮膚の方に開いたり、耳下腺側の管が詰まることで途中で皮膚の方に開口（唾液瘻）することがある。唾液腺の管が損傷を受けて詰まると、それぞれの唾液腺が腫れて痛みを生じる。外傷で問題となるのはおもに耳下腺や耳下腺管の損傷で、顔面神経の損傷を合併することもある。

● 顎関節症

顎関節部や咀嚼筋などの疼痛、関節音、開口障害ないし顎運動異常を主要症候とする慢性疾患群は、総括して「顎関節症」という診断名で呼ばれる。その病態には咀嚼筋障害、関節包や靭帯の障害、関節円板障害、変形性関節症などが含まれる。

顎関節症の症状

顎運動障害、顎関節痛、関節雑音が単独もしくは複数合併して発現するケースが多く、この3つは顎関節症の主要3症状と呼ばれている。おもに顎を動かしたときに痛みを生じる。

関節雑音には、「ゴリゴリ」という低いクレピタス音と、「カクン」と弾けるようなクリック音の2種類に分類される。

その他にも、耳の痛み、耳閉感、難聴、めまい、眼精疲労といった眼や耳の症状、頭痛、首や肩のこりなど、さまざまな症状が生じる場合もある。

顎関節症の原因

子供から大人まで幅広く発生するが、一般的には20〜30歳代の女性に好発する傾向が見られる。

現在のところ、これといった治療法は確立されておらず、医師や病院などによって見解も異なり、原因不明とされている。

診断は医師によってまちまちだが、複合的な要因によって発症することが多いとされ、異常な開閉口運動や歯ぎしりなど、顎に異常な外力が加わる、歯に被せている詰め物や被せ物などの異常など多様な原因による咬合異常や筋緊張に起因するとも言われている。

また、大きなあくび、大きく開口した笑いなどの日ごろの何気ない動作や、歌唱、寝違え、頬杖など生活習慣、仕事の変化と肉体的心理的ストレスの相乗作用なども原因として考えられている。

一説には、頬杖をついたり、柔らかいものしか食べないという、現代の生活習慣が原因の一つなどとも言われる。

顎関節症の分類

おもな病変は、咀嚼筋障害による「筋性」のものと、顎関節（下顎窩、関節円板、下顎頭、関節包）障害による「関節性」のものの2種類に大別される。

日本における現状としては、顎関節症の多様な病態に対応するため、以下のⅠ〜Ⅴ型の分類が広く臨床に使用されている。

Ⅰ型

おもに咀嚼筋障害を徴候として、筋緊張、筋痙攣、筋炎などの症状。顎関節部の運動痛と運動障害をわずかに生じることがあり、強い筋痛を生じる。

Ⅱ型

おもに関節包、関節靭帯、円板後部組織の慢性外傷性病変を徴候として、筋痛は弱いものの、顎関節部に強い運動痛と圧痛、および関節雑音を生じる。関節鏡下で病変を認める。

Ⅲ型

おもに関節円板の転位や変性、穿孔、線維化（硬化）を徴候として、顕著な関節雑音（クリック音）が起こる。筋痛はなく、顎関節部の疼痛は弱い。

Ⅳ型

変形性関節症。おもに関節軟骨破壊、下顎窩や下顎頭の変性や添加、関節円板や滑膜の変形などの退行性病変を徴候として、顕著な関節雑音（クレピタス音）が起こる。Ｘ線所見上も大きな異常を認めるようになる。

Ⅴ型

Ⅰ〜Ⅳ型のいずれにも該当しないが、顎関節領域に異常症状を訴え、心身医学的な要素を含むもの。

「一般社団法人日本顎関節学会」HP参考

PART5　頚部・頭部に起こりやすいスポーツ傷害

「脳しんとう」が疑われるなら
速やかに競技を中止し、安静にする

頚部

頭部

顔面

脳しんとうとは、頭部に外力が加わることで起こる一過性の意識障害や記憶障害。ここで言う意識障害とは、必ずしも意識消失するわけでなく、意識の変調も含んだ症状を意味する。これらの障害は一時的なもので、通常、脳自体の損傷は伴わず、一定時間の安静でもとに戻る症状となる。

意識があっても頭痛、めまい、耳鳴り、吐き気、目のかすみが見られ、症状が強くなると、記憶の消失、ろれつが回らない、呼吸や脈拍不整などが見られることもある。

一見、問題のなさそうな5分以内の意識障害（5分を超える場合は脳に重篤な障害をも

たらすと考えられている）でも、頭痛が生じたら、重症の場合もあるので医師の診察が必要となる。意識障害が5分を超える場合は、速やかに病院へ搬送することが大切。

脳しんとうと同時に、頚椎捻挫、頚痛や肩こりなどのむち打ち症状を併発することも多く見られる。

競技としては、アメリカンフットボール、ラグビー、柔道、レスリング、サッカー、ボクシング、アイスホッケーなどのコンタクトスポーツや、体操、スキーなどで転倒して頭部を強打することで起こることが多い。

日本ラグビーフットボール協会の安全対策

Japan Coma Scale（JCS）の意識障害の程度分類

❶ 刺激しないでも覚醒している状態
1. だいたい意識清明だが、今ひとつはっきりしない
2. 見当識障害がある
3. 自分の名前、生年月日が言えない

❷ 刺激すると覚醒する状態、刺激をやめると眠り込む
10. 普通の呼びかけで容易に開眼する
　　合目的な運動（例えば右手を握れ、離せ）ができ、言葉も出るが間違いが多い
20. 大きな声または身体を揺さぶることにより開眼する
　　簡単な命令に応ずる。例えば離握手
30. 痛み刺激を加えつつ呼びかけをくり返すことでかろうじて開眼する

❸ 刺激をしても覚醒しない状態
100. 痛み刺激に対し、払いのけるような動作をする
200. 痛み刺激で少し手足を動かしたり、顔をしかめる
300. 痛み刺激に反応しない

マニュアルでは、グラウンド上で明らかに頭部打撲が認められ、受傷時の応答や身体活動に何らかの異常が認められたものは、すべて競技規則にいう脳しんとうに該当すると定義されている。

脳しんとうが疑われる場合、まずは安静にして、意識レベル、呼吸、脈拍のチェックを行ない、次に頭や頸部のアイシング、そして意識があったとしても手足の麻痺がないかをチェックする。

実際のスポーツの現場では、症状が軽く、一見、競技復帰できそうな場合の判断が問題となっている。意識消失や記憶の消失がなく、頭痛、吐き気、めまいもなくジャンプやダッシュでも平衡感覚に異常がなければ競技は復帰可能だが、頭痛や顔面蒼白があったり、興奮状態のときは復帰させず監視下に置くことが大切。

セカンドインパクト

また、近年、問題となっているのが、脳しんとうを起こした後、それほど時間が経過しないうちにふたたび頭部に衝撃を受けることで生ずる「セカンドインパクト」と呼ばれる症状。脳に損傷を生ずるリスクが高まり、より重篤な症状を呈することが多い。

脳しんとうのレベルは、失神を伴わない軽度、失神がしばらく続く中等度、失神が比較的長く続く高度、と便宜的に3つに分けて考えることがある。

軽度では意識消失が一過性に起こりバランス感覚の消失や見当識障害などを伴い、中等度以上では頭痛が持続することや、四肢のしびれ感や吐き気のほか、健忘や記憶障害を伴うこともある。

アメリカでは中学の女子サッカー選手に脳しんとうが多く見られることから、アメリカサッカー協会は10歳以下の選手にはヘディングを禁止することとした。

ラグビー選手の場合、脳しんとうを起こしたら、3週間は試合に復帰できないように勧告が出されている。脳しんとうが疑われる選手は、試合中であっても、一時交代させて検査を行なっている。

また、全日本柔道連盟は、脳しんとうを起こした選手に対し、2〜4週間の練習休止を求めている。

脳しんとうを起こして頭痛や吐き気などが持続する場合は、検査結果に異常が認められなくても最低1週間は様子を見る必要がある。

INDEX

【あ】

アキレス腱 ································· 96, 97
インピンジメント症候群 (肩) ············· 73
インピンジメント症候群 (足関節滑膜) ····· 90
烏口突起 (うこうとっき) ······ 37, 38, 39, 69, 71
内返しねん挫 (うちがえし) ················ 88
腋窩神経 (えきかしんけい) ················ 75
黄色靭帯 ···························· 119, 140
オスグット・シュラッター病 ············· 104
オブライエン分類 ······················· 54

【か】

回外筋 (ひじ) ··························· 65
回旋筋腱板 (かいせんきんけんばん) ········ 73
外側距踵靭帯 (がいそくきょしょう) ········ 81
外側足底神経 ·························· 94
外側側副靭帯 (ひじ)(がいそくそくふく) ····· 38, 61
外側側副靭帯 (ひざ) ···················· 81
外側縦アーチ (足裏) ···················· 85
外側半月 ······························ 81
外反ねん挫 (がいはん) ················ 88, 91
外反母趾 (がいはんぼし) ·············· 93, 98
外腹斜筋 (がいふくしゃきん) ············· 117
外閉鎖筋 (がいへいさきん) ·········· 116, 126
解剖頚骨折 (かいぼうけい) ··············· 69
外肋間筋 (がいろっかんきん) ········· 117, 132
過外転候群 (かがいてん) ················ 132
下顎骨 (かがくこつ) ················ 137, 148
顎関節症 (がくかんせつしょう) ··········· 151
顎関節障害 (がくかんせつしょうがい) ······ 151
下前腸骨棘 (かぜんちょうこっきょく) ··· 115, 122
下双子筋 (かそうしきん) ············ 116, 126
鵞足部 (がそくぶ) ····················· 102
下腿筋膜裂傷 (かたいきんまくれっしょう) ·· 100
下腿骨疲労骨折 (かたいひろう) ··········· 99
滑液包 (足趾)(かつえきほう) ············· 93
滑液包 (かかと) ······················· 97
滑液包 (ひざ) ····················· 102, 105
滑液包 (股関節) ······················· 109

顎下腺 (がっかせん) ··················· 150
滑膜 (足首)(かつまく) ·················· 90
滑膜・滑膜ひだ (ひざ) ·············· 103, 105
滑膜 (股関節) ························· 108
滑膜炎 (手指) ························· 53
ガレアッチ骨折 ······················· 56
眼窩 (がんか) ················ 137, 147, 149
陥凹骨折 (頭蓋部)(かんきゅう) ··········· 146
寛骨臼 (股関節)(かんこつきゅう) ····· 109, 115
関節円盤 (手首) ···················· 51, 52
関節窩 (肩)(かんせつか) ····· 37, 69, 70, 72, 73
関節唇 (肩)(かんせつしん) ······ 38, 72, 73, 74
関節側副靭帯損傷 (手指) ················ 45
関節軟骨 (ひざ) ······················ 105
関節ネズミ (ひじ) ····················· 61
関節包 (ひじ)(かんせつほう) ············· 38
関節包 (肩) ················ 38, 70, 72, 73
関節包 (ひざ) ························· 105
関節包 (股関節) ············ 106, 108, 109
陥没骨折 (頭蓋部)(かんぼつ) ············ 146
顔面神経損傷 ························· 150
偽関節 (手首)(ぎかんせつ) ·············· 50
偽神経腫 (ひじ)(ぎしんけいしゅ) ········· 64
ぎっくり腰 ······················ 128, 129
逆コーレス骨折 ······················· 49
弓状靭帯 (きゅうじょう) ················ 101
急性腰痛症 ·························· 128
胸郭出口症候群 (きょうかくでぐち) ······· 132
胸骨 (きょうこつ) ················· 115, 131
頬骨・頬骨弓 (きょうこつ) ·········· 137, 147
胸骨舌骨筋 (きょうこつぜっこつきん) ······· 117, 138
狭窄性腱鞘炎 (きょうさくせいけんしょうえん) ····· 53
胸鎖乳突筋 (きょうさにゅうとつきん) ··· 39, 117, 138
強直母 (きょうちょくぼ) ················ 94
胸椎 (きょうつい) ············ 115, 119, 129
棘上筋 (きょくじょうきん) ·········· 39, 73, 74
棘突起 (椎骨)(きょくとっき) ········· 119, 140, 141
距骨 (きょこつ) ···················· 89, 90
距骨頚靭帯 (きょこつけいじんたい) ········ 81
距骨嘴 (きょこつし) ···················· 89
棘下筋 (きょっかきん) ············· 39, 73, 74
近位指節間関節 (きんいしせつかん) ······· 41, 45

154

筋・筋膜性腰痛症（きんきんまくせい）‥‥‥‥ 129

筋区画症候群（ひじ）（きんくかく）‥‥‥‥‥‥ 66

筋区画症候群（下腿部）‥‥‥‥‥‥‥‥‥‥‥ 100

筋断裂（大腿部）‥‥‥‥‥‥‥‥‥‥‥‥‥‥ 107

筋断裂（体幹部）‥‥‥‥‥‥‥‥‥‥‥‥‥‥ 130

筋膜（きんまく）‥‥‥‥‥‥‥‥‥‥‥‥‥‥ 129

屈筋腱（手指）‥‥‥‥‥‥‥‥‥‥‥‥ 45, 46

屈筋支帯（手首）（くっきんしたい）‥‥‥‥‥‥ 39

グロインペイン症候群 ‥‥‥‥‥‥‥‥‥‥‥ 124

脛骨（けいこつ）‥‥‥‥‥‥ 81, 99, 102, 104

脛骨神経（けいこつしんけい）‥‥‥ 94, 95, 126

脛舟靭帯（けいしゅう）‥‥‥‥‥‥‥‥‥‥‥ 81

頚髄（けいずい）‥‥‥‥‥‥‥‥‥‥ 142, 145

脛側脛踵靭帯（けいそくけいしょう）‥‥‥‥‥ 81

頚腸肋筋（けいちょうろくきん）‥‥‥‥‥‥‥ 116

頚椎（けいつい）‥‥‥‥‥ 119, 137, 142, 145

頚椎症性神経根症・脊髄症 ‥‥‥‥‥‥‥‥‥ 145

頚椎椎間板ヘルニア ‥‥‥‥‥‥‥‥ 144, 145

頚板状筋（けいばんじょうきん）‥‥‥‥‥‥‥ 138

頚部脊椎症（けいぶせきついしょう）‥‥‥‥‥ 145

頚肋症候群（けいろく）‥‥‥‥‥‥‥‥‥‥‥ 132

ゲームキーパー・サム‥‥‥‥‥‥‥‥‥‥‥‥ 46

外科頚骨折（げかけい）‥‥‥‥‥‥‥‥‥‥‥ 69

下駄履き骨折 ‥‥‥‥‥‥‥‥‥‥‥‥‥‥‥ 92

月状骨（げつじょうこつ）‥‥‥‥‥ 37, 51, 52

結節間滑液鞘（けっせつかんかつえきしょう）‥‥ 38

結節間溝（肩）（けっせつかんこう）‥‥‥‥‥‥ 63

肩関節（けんかんせつ）‥‥‥‥‥‥‥‥ 70, 72

肩関節窩上関節唇複合損傷

　（けんかんせつかじょうかんせつしん）‥‥‥‥ 74

肩甲下筋（けんこうかきん）‥‥‥‥38, 39, 72, 73

肩甲挙筋（けんこうきょきん）‥‥‥‥ 39, 73, 138

肩甲骨‥‥‥‥‥‥‥‥‥‥‥‥‥‥ 37, 69, 115

肩甲上神経 ‥‥‥‥‥‥‥‥‥‥‥ 74, 75, 145

肩甲上腕関節（けんこうじょうわん）‥‥‥‥‥ 37

肩鎖関節・肩鎖靭帯（けんさ）‥‥‥‥‥‥ 37, 71

腱鞘（手指）（けんしょう）‥‥‥‥‥‥‥‥‥ 45

腱鞘（手首）‥‥‥‥‥‥‥‥‥‥‥‥‥‥‥ 53

腱板（けんばん）‥‥‥‥‥‥ 70, 72, 73, 75

肩峰（けんぽう）‥‥‥‥‥‥‥‥‥‥‥ 37, 69

腱膜瘤（けんまくりゅう）‥‥‥‥‥‥‥‥‥‥ 93

後外側構成体（こうがいそくこうせいたい）‥‥‥ 101

後距腓靭帯（こうきょひ）‥‥‥‥‥‥81, 88, 89

後脛距靭帯（こうけいきょ）‥‥‥‥‥‥‥‥‥ 81

後脛骨筋・後脛骨筋腱腱鞘 ‥‥‥‥‥‥ 98, 99

後脛腓靭帯（こうけいひ）‥‥‥‥‥‥‥‥‥‥ 81

後十字靭帯（こうじゅうじ）‥‥‥‥‥‥ 81, 101

後縦靭帯（こうじゅう）‥‥‥‥‥‥‥ 127, 140

後足部不安定性（こうそくぶ）‥‥‥‥‥‥‥‥ 95

後足根管（こうそっこんかん）‥‥‥‥‥‥‥‥ 95

広背筋（こうはいきん）‥‥‥‥‥‥‥‥‥‥‥ 116

コーレス骨折 ‥‥‥‥‥‥‥‥‥‥‥‥‥‥‥ 49

股間節唇（こかんせつしん）‥‥‥‥‥‥‥‥‥ 109

骨下性筋炎（こっかせいきんえん）‥‥‥‥‥‥ 107

骨棘（ひじ）（こっきょく）‥‥‥‥‥‥‥‥‥‥ 66

骨棘（肩甲骨）‥‥‥‥‥‥‥‥‥‥‥‥‥‥‥ 74

骨棘（足首）‥‥‥‥‥‥‥‥‥‥‥‥‥‥‥‥ 91

骨棘（かかと）‥‥‥‥‥‥‥‥‥‥‥‥ 96, 97

骨端軟骨（ひざ）（こったんなんこつ）‥‥‥‥ 104

骨軟骨骨折（足首）（こつなんこつ）‥‥‥‥‥ 89

骨盤内腫瘍（こつばんないしゅよう）‥‥‥‥‥ 126

こむらがえり（足裏）‥‥‥‥‥‥‥‥‥‥‥‥ 98

こむらがえり（下腿部）‥‥‥‥‥‥‥‥‥‥‥ 100

ゴルフひじ ‥‥‥‥‥‥‥‥‥‥‥‥‥‥‥‥ 60

コンパートメント症候群（ひじ）‥‥‥‥‥‥‥ 66

コンパートメント症候群（下腿部）‥‥‥‥‥‥ 100

【さ】

鎖骨（さこつ）‥‥‥‥‥‥ 37, 39, 68, 69, 115

坐骨・坐骨神経（ざこつ）‥‥‥‥‥ 115, 123, 126

坐骨大腿靭帯（ざこつだいたい）‥‥‥ 81, 108, 125

三角筋 ‥‥‥‥‥‥‥‥‥‥‥‥‥‥‥‥ 39, 73

三角月状骨間靭帯（さんかくげつじょうこつかん）‥ 51

三角骨（手根骨）‥‥‥‥‥‥‥‥‥‥‥ 37, 51

三角骨（足首）‥‥‥‥‥‥‥‥‥‥‥‥‥‥‥ 89

三角靭帯（足）‥‥‥‥‥‥‥‥‥‥‥‥‥‥‥ 81

三角線維軟骨複合体‥‥‥‥‥‥‥‥‥‥ 51, 52

三角有鈎骨間靭帯（さんかくゆうこうこつ）‥‥‥ 51

シェファード骨折 ‥‥‥‥‥‥‥‥‥‥‥‥‥ 89

耳下腺（じかせん）‥‥‥‥‥‥‥‥‥‥‥‥‥ 150

指骨（しこつ）‥‥‥‥‥‥‥‥‥‥‥‥‥‥‥ 37

篩骨（しこつ）‥‥‥‥‥‥‥‥‥‥‥‥137, 148

指節骨骨折（しせつこつ）‥‥‥‥‥‥‥‥‥‥ 45

INDEX

膝蓋腱・膝蓋靭帯 (しつがい) ‥‥‥‥‥ 104
膝蓋骨 (しつがいこつ) ‥‥‥‥ 102, 103, 104, 105
膝蓋前滑液包炎 (しつがいぜんかつえきほうえん) 105
膝外側側副靭帯損傷 (しつがいそくそくふく) ‥ 101
膝蓋軟骨軟化症 (しつがいなんこつ) ‥‥‥‥‥ 105
膝蓋粘液腫 (しつがいねんえきしゅ) ‥‥‥‥‥ 105
膝窩筋腱 (しつかきんけん) ‥‥‥‥‥‥‥‥ 101
膝窩嚢腫 (しつかのうしゅ) ‥‥‥‥‥‥‥‥ 105
膝関節水腫 (しつかんせつすいしゅ) ‥‥‥‥ 105
膝前部痛症候群 (しつぜんぶつう) ‥‥‥‥‥ 102
疾走型疲労骨折 (下腿部) ‥‥‥‥‥‥‥‥‥ 99
膝内側側副靭帯損傷 (しつないそくそくふく) ‥ 101
ジャージーフィンガー ‥‥‥‥‥‥‥‥‥‥ 45
斜角筋症候群 (しゃかくきん) ‥‥‥‥‥‥‥ 132
尺側手根屈筋・伸筋 (しゃくそくしゅこん) ‥‥‥ 39
尺骨神経 (しゃくそくしんけい) ‥‥‥‥‥‥ 64
尺側側副靭帯 (母指) (しゃくそくふく) ‥ 46, 51
斜索 (しゃさく) ‥‥‥‥‥‥‥‥‥‥‥‥ 38
尺骨 (しゃっこつ) ‥‥‥‥‥‥ 37, 50, 56, 65
尺骨月状骨靭帯 (しゃっこつげつじょう) ‥‥‥ 51, 52
尺骨三角骨靭帯 (しゃっこつさんかく) ‥‥‥ 51, 52
尺骨神経 (しゃっこつ) ‥‥‥48, 58, 60, 64, 145
尺骨肘頭骨折 (しゃっこつちゅうとう) ‥‥‥‥ 55
ジャンパーズ・ニー ‥‥‥‥‥‥‥‥‥‥‥ 104
舟状月状骨間靭帯 (しゅうじょうげつじょうかん) ‥ 51
舟状骨 (しゅうじょうこつ) ‥‥‥‥‥ 37, 50, 98
手関節ねん挫 (しゅかんせつ) ‥‥‥‥‥‥‥ 51
手根管症候群 (しゅこんかん) ‥‥‥‥‥‥ 48, 53
手根骨・手根靭帯 (しゅこんこつ) ‥‥‥ 37, 51, 53
手根中央関節 (しゅこんちゅうおう) ‥‥‥‥ 37, 51
手根不安定症 (しゅこんふあんていしょう) ‥‥‥ 52
小円筋 (しょうえんきん)‥‥‥‥‥‥‥‥ 39, 73
上顎骨 (じょうがくこつ) ‥‥‥‥‥‥‥ 137, 149
上関節上腕靭帯 (じょうかんせつじょうわん) ‥‥ 38
小胸筋 (しょうきょうきん) ‥‥‥‥39, 117, 132
小結節 (肩) (しょうけっせつ) ‥‥‥‥‥ 37, 63
踵骨 (しょうこつ) ‥‥‥‥‥‥ 87, 90, 96, 97
踵骨棘 (しょうこっきょく) ‥‥‥‥‥‥ 97, 98
小指伸筋 (しょうししんきん) ‥‥‥‥‥‥‥ 39
上前腸骨棘 (じょうぜんちょうこっきょく) ‥‥ 115, 122
上双子筋 (じょうそうしきん) ‥‥‥‥‥ 116, 126
掌側尺骨手根靭帯 (しょうそくしゃっこつ) ‥‥‥ 38

掌側中手靭帯 (しょうそくしゅうしゅ) ‥‥‥‥ 38
掌側手根間靭帯 (しょうそくしゅこんかん) ‥‥‥ 38
掌側手根中手靭帯 (しょうそくしゅこん) ‥‥‥‥ 38
掌側靭帯 (しょうそくじんたい) ‥‥‥‥‥‥ 38
掌側橈骨尺骨靭帯 (しょうそくとうこつしゃっこつ) 38
掌側橈尺靭帯 (しょうそくとうしゃく) ‥‥‥‥ 52
小転子 (しょうてんし) ‥‥‥‥‥‥‥ 81, 108
小内転筋 (しょうないてんきん) ‥‥‥‥‥‥ 123
踵腓靭帯 (しょうひじんたい) ‥‥‥‥ 81, 88, 90
踵立方関節 (しょうりっぽうかんせつ) ‥‥‥‥ 91
小菱形筋 (しょうりょうけいきん) ‥‥‥‥‥ 39, 73
小菱形骨 (第2手根骨) (しょうりょうけいこつ) ‥‥ 37
上腕横靭帯 (じょうわんおうじんたい) ‥‥‥‥ 63
上腕筋 (じょうわんきん) ‥‥‥‥‥‥‥‥‥ 39
上腕骨 (じょうわんこつ) ‥‥‥‥ 37, 59, 67, 68
上腕骨外側上顆 (がいそくじょうか) ‥‥‥ 38, 58, 61
上腕骨内側上顆 (ないそくじょうか) ‥‥ 37, 38, 60
上腕三頭筋 (じょうわんさんとうきん) ‥‥‥ 39, 63
上腕二頭筋 (じょうわんにとうきん) ‥‥‥ 39, 62
上腕二頭筋長頭 ‥‥‥‥‥‥‥ 38, 39, 63, 74
ジョーンズ骨折 ‥‥‥‥‥‥‥‥‥‥‥‥ 92
女中ひざ ‥‥‥‥‥‥‥‥‥‥‥‥‥‥ 105
ショファー骨折 ‥‥‥‥‥‥‥‥‥‥‥‥ 49
伸筋腱 (手指) (しんきんけん) ‥‥‥ 45, 46, 48
伸筋支帯 (足首) (しんきんしたい) ‥‥‥‥‥ 95
神経根 (しんけいこん) ‥‥‥‥‥ 75, 119, 141
シンスプリント‥‥‥‥‥‥‥‥‥‥‥‥ 99
深総指屈筋腱 (しんそうしくっきんけん) ‥‥‥ 98
深腓骨神経 (しんひこつ) ‥‥‥‥‥‥‥‥ 95
髄液漏 (ずいえきろう) ‥‥‥‥‥‥‥‥‥ 149
髄核 (ずいかく) ‥‥‥‥‥‥‥ 119, 127, 140
スキーヤーズ・サム‥‥‥‥‥‥‥‥‥‥‥ 46
ステナー病変 ‥‥‥‥‥‥‥‥‥‥‥‥‥ 46
スポーツヘルニア ‥‥‥‥‥‥‥‥‥‥‥ 124
スミス骨折 ‥‥‥‥‥‥‥‥‥‥‥‥‥ 49
正中神経 (腕) ‥‥‥‥‥‥‥‥48, 53, 58, 64
セカンドインパクト ‥‥‥‥‥‥‥‥‥‥ 153
脊髄 (せきずい) ‥‥‥‥‥‥ 119, 121, 126, 141
脊柱管 (せきちゅうかん) ‥‥‥‥‥ 119, 121, 127
脊柱側弯症 (せきちゅうそくわんしょう) ‥‥‥ 121
脊椎 (せきつい) ‥‥‥‥‥‥‥ 121, 129, 130
舌下腺 (ぜっかせん) ‥‥‥‥‥‥‥‥‥‥ 150

繊維輪 (せんいりん) ……………… 119, 127, 140

前鋸筋 (ぜんきょきん) ……………… 39, 117

前距腓靱帯 (ぜんきょひ) …………………… 81, 88

前脛距靱帯 (ぜんけいきょ) …………………… 81

前脛骨筋 (ぜんけいこつきん) ……………… 100

前脛腓靱帯 (ぜんけいひ) …………………… 81, 88

仙結節靱帯 (せんけっせつ) ………………… 125

仙骨 (せんこつ) ……………… 115, 119, 124, 125

前骨間神経麻痺 (ぜんこっかんしんけいまひ) …… 65

浅指屈筋 (せんしくっきん) …………………… 39

前斜角筋 (ぜんしゃかくきん) …………… 117, 132

前十字靱帯 (ぜんじゅうじ) ……………… 81, 101

前縦靱帯 (ぜんじゅうじんたい) …………… 140

線状骨折 (頭蓋部) (せんじょうこっせつ) …… 146

前浅層筋群 (腕) (ぜんせんそうきんぐん) …… 66

前足根管 (ぜんそっこんかん) ……………… 95

仙腸関節 (せんちょうかんせつ) ………124, 125

前頭骨 (ぜんとうこつ) ……………… 137, 146, 147

浅腓骨神経 (せんひこつしんけい) …………… 95

前腕骨幹部骨折 (橈骨・尺骨) ……………… 54

総指伸筋 (そうししんきん) …………………… 39

総腓骨神経 (そうひこつ) ……………… 94, 95

僧帽筋 (そうぼうきん) ……… 39, 116, 117, 138

足関節外側靱帯損傷 (そくかんせつがいそく)…… 88

足関節距骨滑車 (そくかんせつきょこつ) …… 84

足趾伸筋腱 (そくししんきんけん) …………… 93

足底筋膜 (そくていきんまく) ……………… 97, 98

側副靱帯 (手指) (そくふく) ……………… 38, 45

鼠径周辺部痛症候群 (そけいしゅうへんぶつう) … 124

鼠径ヘルニア (そけい) ……………………… 124

外返しねん挫 (そとがえし) …………………… 88

【た】

ダービーハット型 (頭蓋円蓋部骨折) ………… 146

大円筋 (だいえんきん) ……………… 39, 73

大胸筋 (だいきょうきん) ……………… 39, 117, 132

大結節 (だいけっせつ) ……………… 37, 63

大腿筋膜張筋 (だいたいきんまくちょうきん)

109, 116, 122

大腿屈筋 (だいたいくっきん) ……………… 107

大腿骨 (だいたいこつ) ……… 81, 106, 109, 123

大腿四頭筋 (だいたいしとうきん) … 103, 104, 107

大腿直筋 (だいたいちょっきん) …… 107, 122, 124

大腿二頭筋長頭 (だいたいにとうきん) ……… 123

大腿部打撲傷 (だいたいぶ) ………………… 107

大腿方形筋 (だいたいほうけいきん) ……116, 126

大殿筋 (だいでんきん) ……………………… 116

大転子 (だいてんし) ……………… 81, 108, 109

大内転筋 (だいないてんきん) …………… 107, 123

大腰筋 (だいようきん) ……………………… 116

大菱形筋 (だいりょうけいきん) ………… 39, 73

唾液腺 (だえきせん) ……………………… 150

唾液瘻 (だえきろう) ……………………… 150

脱腸 (だっちょう) …………………………… 124

タナ障害 ……………………………………… 103

短趾屈筋 (たんしくっきん) …………………… 98

弾発股 (だんぱつこ) ……………………… 108

短腓骨筋 (たんひこつきん) ……………… 91, 97

短母指伸筋腱 (たんぼししんきんけん)………… 53

恥骨下枝疲労骨折 (ちこつかし) …………… 123

恥骨結合炎 (ちこつけつごうえん) ………… 124

恥骨大腿靱帯 (ちこつだいたい) ……… 81, 108

チャーリーホース …………………………… 107

肘関節尺側側副靱帯損傷

（ちゅうかんせつしゃくそくそくふく） …… 60, 61

肘関節脱臼 (ちゅうかんせつ) ……………… 55

肘関節遊離体 (ちゅうかんせつゆうりたい) ……… 61

中間足背皮神経 (ちゅうかんそくはいひ) …… 94, 95

中斜角筋 (ちゅうしゃかくきん) …………… 132

中手骨 (ちゅうしゅこつ) ………………37, 47, 48

中節骨 (ちゅうせつこつ) ………………… 37

中足骨 ……………………………………… 92

中殿筋 (ちゅうでんきん) …………………116

肘頭滑液包炎 (ちゅうとうかつえきほうえん) …… 66

肘頭部 (ちゅうとうぶ) …………………… 62

肘部管 (ちゅうぶかん) …………………… 64

腸脛靱帯 (ちょうけい) ……………… 104, 108

腸骨 (ちょうこつ) ……………… 115, 116

腸骨大腿靱帯 (ちょうこつだいたい)… 81, 108, 125

長指屈筋 (ちょうしくっきん) ………………… 99

腸恥滑液包 (ちょうちかつえきほう) ………… 109

腸恥包 (ちょうちほう) ……………… 81, 108

長内転筋 (ちょうないてんきん) ………………… 123

INDEX

長腓骨筋 (ちょうひこつきん) ・・・・・・・・・・・ 91, 97
長母趾屈筋 (ちょうぼしくっきん) ・・・・・・・ 93, 99
跳躍型疲労骨折 (下腿部) ・・・・・・・・・・・・・・・ 99
腸腰筋 (ちょうようきん) ・・・・・・・・ 108, 116, 124
腸腰靭帯 (ちょうよう) ・・・・・・・・・・・・・・・ 125
椎間関節 (ついかん) ・・・・・・・・・・・・・・ 129, 141
椎間板 (ついかんばん) ・・・・ 119, 130, 137, 140, 141
椎間板ヘルニア (ついかんばん) ・・・・・・ 125, 128
椎弓・椎骨・椎体 ・・・・・・・・・ 119, 137, 141
突き指 ・・・・・・・・・・・・・・・・・・・・・・・・・・・・ 44
槌指 (つちゆび) ・・・・・・・・・・・・・・・・・・・・ 46
デッドアーム症候群 ・・・・・・・・・・・・・・・・・ 70
頭蓋円蓋部 (とうがいえんがいぶ) ・・・・・・・・・ 146
橈骨 (とうこつ) ・・・・・・・・ 37, 49, 50, 53, 55
撓骨管症候群 (とうこつかん) ・・・・・・・・・・・ 65
橈骨手根関節 (とうこつしゅこん) ・・・・・・ 37, 51
橈骨神経 (とうこつ) ・・・・・・ 48, 58, 64, 65, 75, 145
橈骨輪状靭帯 (とうこつりんじょう) ・・・・・・ 38
橈側手根屈筋 (とうそくしゅこんくっきん)・・・・・ 39
橈側側副靭帯 (とうそくそくふく) ・・・・・ 51, 61
頭頂骨 (とうちょうこつ) ・・・・・・・・・・・ 137
頭板状筋 (とうばんじょうきん) ・・・・・・・ 138
特異的腰痛 (とくいてき) ・・・・・・・・・・・ 121
ドケルバン病 ・・・・・・・・・・・・・・・・・・・・ 53

【な】

内側縁 (肩甲骨)(ないそくえん) ・・・・・・・・・・・ 37
内側手根側副靭帯 (ないそくしゅこんそくふく) ・・・ 38
内側足底神経 (ないそくそくてい) ・・・・・ 94, 98
内側足背皮神経 (ないそくそくはいひ) ・・・・・ 94, 95
内側側副靭帯 (ひじ)(ないそくそくふく) ・・・・・ 38, 60
内側側副靭帯 (ひざ)(ないそくそくふく) ・・・・・ 81
内側縦アーチ (足裏)(ないそくたてアーチ) ・・・・・ 85
内側半月 (ないそくはんげつ) ・・・・・・・・・・・ 81
内転筋群 (ないてんきんぐん) ・・・・・・・・ 16, 124
内反ねん挫 (ないはんねんざ) ・・・・・・・ 88, 90, 91
内腹斜筋 (ないふくしゃきん) ・・・・・・・・・ 117
内肋間筋 (ないろっかんきん) ・・・・・・・ 117, 132
軟骨円板 (恥骨)(なんこつえんばん) ・・・・・ 124
肉ばなれ (下腿部) ・・・・・・・・・・・・・・・・・ 100
肉ばなれ (大腿部) ・・・・・・・・・・・・・・・・・ 107

肉ばなれ (体幹部) ・・・・・・・・・・・・・・・・・ 130
日射病 ・・・・・・・・・・・・・・・・・・・・・・・・・・・ 26
二分靭帯 (足)(にぶん) ・・・・・・・・・・・・・ 81, 90
熱中症 ・・・・・・・・・・・・・・・・・・・・・・・・・・・ 26
脳しんとう ・・・・・・・・・・・・・・・・・・・・・ 152

【は】

バートン骨折 ・・・・・・・・・・・・・・・・・・・・ 49
バーナーペイン ・・・・・・・・・・・・・・・・・・・ 45
薄筋 (はくきん) ・・・・・・・・・・・・・・・・・ 102
バネ股 (バネこ) ・・・・・・・・・・・・・・・・・ 108
ばね指 ・・・・・・・・・・・・・・・・・・・・・・・・・ 46
ハムストリング ・・・・・・・・・・・・・・・・・ 123
パラテノン ・・・・・・・・・・・・・・・・・・・・・ 96
半月板 (はんげつばん) ・・・・・・・・・・・ 101, 102
半腱様筋 (はんけんようきん) ・・・・・・・・・ 123
瘢痕 (はんこん) ・・・・・・・・・・・・・・・・・ 107
板状筋 (ばんじょうきん) ・・・・・・・・・・・・・ 39
ハンマー足趾 (ハンマーそくし) ・・・・・・・・ 94
半腱様筋 (はんまくようきん) ・・・・・・・ 102, 105
バニン ・・・・・・・・・・・・・・・・・・・・・・・・・ 93
引き抜き損傷 (神経根) ・・・・・・・・・・・・・・・ 75
腓骨 (ひこつ) ・・・・・・・・・・・・・・・・ 81, 91, 92
尾骨 (びこつ) ・・・・・・・・・・・・・・・・ 115, 124
鼻骨 (びこつ) ・・・・・・・・・・・・・ 137, 148, 149
腓骨筋 (ひこつきん) ・・・・・・・・・・・・・・ 97, 100
腓骨神経 (ひこつ) ・・・・・・・・・・・・・・・・・ 126
鼻篩骨骨折 (びしこつこっせつ) ・・・・・・・・・・ 148
非特異的腰痛 (ひとくいてきようつう) ・・・・・ 121, 128
腓腹筋 (ひふくきん) ・・・・・・・・・・ 96, 100, 107
ヒラメ筋 ・・・・・・・・・・・・・・・・・・ 96, 99, 100
ピンポンボール型 (頭蓋円蓋部骨折) ・・・・・・・・ 146
腹横筋 (ふくおうきん) ・・・・・・・・・・・ 117, 120
複視 (ふくし) ・・・・・・・・・・・・・・・・ 147, 149
副靭帯 (ひじ)(ふくじんたい) ・・・・・・・・・・・ 61
腹直筋 (ふくちょくきん) ・・・・・・・・・・ 117, 124
フットボーラーズ・アンクル ・・・・・・・・・・・・・ 89
ブローアウト骨折 ・・・・・・・・・・・・・・・・・ 147
ベーカー嚢腫 (のうしゅ) ・・・・・・・・・・・・ 105
ベネット骨棘 (こっきょく) ・・・・・・・・・・ 47, 74
変形性脊椎症 (へんけいせいせきついしょう) ・・・・・ 121

変形性足関節症（へんけいせいそく）‥‥‥‥‥‥ 91
変形性肘関節症（へんけいせいちゅう）‥‥‥‥‥ 66
扁平足（へんぺいそく）‥‥ 85, 94, 95, 97, 98, 99
縫工筋（ほうこうきん）‥‥‥‥‥‥‥‥ 102, 122
ボクサー骨折‥‥‥‥‥‥‥‥‥‥‥‥‥‥‥‥ 47
母指CM関節脱臼骨折‥‥‥‥‥‥‥‥‥‥‥‥ 47
母指外転筋‥‥‥‥‥‥‥‥‥‥‥‥‥‥‥‥‥ 39
拇趾球（ぼしきゅう）‥‥‥‥‥‥‥‥‥‥‥‥ 86
母指球筋（手指）（ぼしきゅうきん）‥‥‥‥‥‥ 53
母趾バネ趾（ぼしバネゆび）‥‥‥‥‥‥‥‥‥ 93

【ま】

末節骨（まっせつこつ）‥‥‥‥‥‥‥‥‥‥‥ 37
マレットフィンガー‥‥‥‥‥‥‥‥‥‥‥‥‥ 46
メゾヌーブ骨折‥‥‥‥‥‥‥‥‥‥‥‥‥‥‥ 91
モートン神経腫（しんけいしゅ）‥‥‥‥‥‥‥ 94
モンテジア骨折‥‥‥‥‥‥‥‥‥‥‥‥‥‥‥ 56

【や】

野球ひじ‥‥‥‥‥‥‥‥‥‥‥‥‥‥‥‥‥‥ 57
矢状索（手指）（やじょうさく）‥‥‥‥‥‥‥‥ 48
有鉤骨（ゆうこうこつ）‥‥‥‥‥‥‥‥ 37, 50
有痛性筋痙攣（足裏）‥‥‥‥‥‥‥‥‥‥‥‥ 98
有痛性筋痙攣（下腿部）‥‥‥‥‥‥‥‥‥‥ 100
有頭骨（ゆうとうこつ）‥‥‥‥‥‥‥‥‥‥‥ 37
遊離軟骨（ゆうりなんこつ）‥‥‥‥‥‥‥‥‥ 61
有連続性損傷（神経根）‥‥‥‥‥‥‥‥‥‥‥ 75
橈骨神経浅枝（ようこつしんけいせんし）‥‥‥ 65
腰神経叢（ようしんけいそう）‥‥‥‥‥‥‥ 125
腰椎（ようつい）‥‥‥‥ 115, 119, 121, 129, 130
腰椎椎間板（ついかんばん）‥‥‥ 121, 126, 127
腰方形筋（ようほうけいきん）‥‥‥‥‥‥‥ 116

【ら】

ラックマンテスト‥‥‥‥‥‥‥‥‥‥‥‥‥ 101
ランナー膝（ランナーズ・ニー）‥‥‥‥‥‥ 103
梨状筋（りじょうきん）‥‥‥‥‥‥‥ 116, 126
梨状筋症候群（りじょうきん）‥‥‥‥‥ 126, 127
離断性骨軟骨炎（ひじ）‥‥‥‥‥‥‥‥‥‥‥ 61

離断性骨軟骨炎（足首）‥‥‥‥‥‥‥‥‥‥‥ 89
立方骨（りっぽうこつ）‥‥‥‥‥‥‥‥ 90, 91
リトルリーグ肩‥‥‥‥‥‥‥‥‥‥‥‥‥‥‥ 68
菱形靭帯（肩）（りょうけいじんたい）‥‥‥‥‥ 38
輪状靭帯（ひじ）（りんじょうじんたい）‥‥‥‥ 61
涙小管（るいしょうかん）‥‥‥‥‥‥‥‥‥ 149
涙道（るいどう）‥‥‥‥‥‥‥‥‥‥‥‥‥ 149
涙嚢（るいのう）‥‥‥‥‥‥‥‥‥‥‥‥‥ 149
ローテーターカフ‥‥‥‥‥‥‥‥‥‥‥‥‥ 73
肋鎖症候群（ろくさしょうこうぐん）‥‥‥‥ 132
肋軟骨（ろくなんこつ）‥‥‥‥‥‥‥ 115, 131
肋間筋痛（ろっかんきんつう）‥‥‥‥‥‥‥ 132
肋間筋剥離（ろっかんきんはくり）‥‥‥‥‥ 132
肋骨（ろっこつ）‥‥‥‥‥‥‥‥‥‥ 115, 131
肋骨部線維（ろっこつぶせんい）‥‥‥‥‥‥‥ 39
肋骨面（肩甲骨）（ろっこつめん）‥‥‥‥‥‥‥ 37

【わ】

腕尺関節（わんしゃくかんせつ）‥‥‥‥‥‥‥ 37
腕神経叢（わんしんけいそう）‥‥‥ 75, 132, 145
腕橈関節（わんとうかんせつ）‥‥‥‥‥‥‥‥ 37
腕橈骨筋（わんとうこつきん）‥‥‥‥‥‥‥‥ 39

【A〜Z】

PIP関節‥‥‥‥‥‥‥‥‥‥‥‥‥‥‥‥‥‥ 45
PTTD‥‥‥‥‥‥‥‥‥‥‥‥‥‥‥‥‥‥‥ 98
R.I.C.E.処置‥‥‥‥‥‥‥‥‥‥‥‥ 22, 107
SLAP損傷‥‥‥‥‥‥‥‥‥‥‥‥‥‥‥‥‥ 74
TFCC‥‥‥‥‥‥‥‥‥‥‥‥‥‥‥‥‥‥‥ 51

【監修者紹介】

神﨑 浩二 （かんざき・こうじ）

1962年生まれ、昭和大学医学部卒業。昭和大学藤が丘病院整形外科医師として33年勤務。2008年より4年間Jリーグ川崎フロンターレのチームドクターも務めた。米国留学を経て、2018年3月より同科教授、昭和大学スポーツ運動科学研究所所属（兼担）。日本整形外科学会認定専門医、日本整形外科学会認定スポーツ医、日本整形外科学会認定リハビリテーション医、日本整形外科学会認定脊椎脊髄外科指導医、日本整形外科学会認定義肢装具専門医などの資格を持つ。趣味は登山、サッカー、ゴルフ。

編集	権藤 海裕 （Les Ateliers）
カバーデザイン	LA Associates
本文デザイン・DTP	LA Associates
イラスト	庄司 猛　村上 サトル
写真	河野 大輔　織田 真理

選手の競技復帰に役立つ
スポーツ傷害ハンドブック

2019年12月30日　初版第1刷発行

監修者	神﨑浩二
発行者	滝口直樹
発行所	株式会社マイナビ出版
	〒101-0003　東京都千代田区一ツ橋2-6-3 一ツ橋ビル2F
	電　話　0480-38-6872 （注文専用ダイヤル）
	03-3556-2731 （販売部）
	03-3556-2735 （編集部）
	E-mail　pc-books@mynavi.jp
	ＵＲＬ　http://book.mynavi.jp
印刷・製本	シナノ印刷株式会社

※価格はカバーに記載してあります。
※落丁本・乱丁本についてのお問い合わせは、TEL0480-38-6872（注文専用ダイヤル）か、電子メールsas@mynavi.jpまでお願いいたします。
※本書について質問等がございましたら、往復はがきまたは返信用切手、返信用封筒を同封のうえ、（株）マイナビ出版編集第2部書籍編集1課までお送りください。
　お電話でのご質問は受け付けておりません。
※本書を無断で複写・複製（コピー）することは著作権法上の例外を除いて禁じられています。

ISBN978-4-8399-7117-5
Ⓒ2019 Mynavi Publishing Corporation
Printed in Japan